下永恆運行
改朝換代的生生
新地球人文主義

The Movement of the Lower Eternal Stratum:
Life Massively Changes — A New Earth Humanism

星空穩 編著

白象文化　新地球人文主義工房
New Earth Humanistic Workshop

聯合出版
推　薦

封面logo【愛的下永恆】之圖案寓意

Logo名稱：愛的下永恆

設計：

★一個由愛心組成的8字形

象徵下永恆的重要精神：「真心、真愛、真性情、不求回報、提升心境」，而這些特質正是「德性」的內在意義。

「德性」是什麼？簡單地說，就是「真心為他人著想、利他而不求回報」的生命特質。

★3＋1個人手牽手共同守護地球

所謂3人成眾，3＋1個地球人即意謂著「這個世界多一個人心向善，社會就多一分祥和。」

★共同銜著愛心的兩隻和平鴿

桃紅色即為下永恆的代表色，代表新文明勝利。引申意義為「活力與溫和並存」，表示：「以和平穩進的方式協助『尚未領略下永恆已來臨的地球朋友們』契入下永恆新紀元，而非採取激進或對立的錯誤方式。」同時，也代表著希望地球人能共同將「和平合作、友善尊重、真心真愛、感恩知足」等精神傳承下去，而讓地球能正向永續經營。

五種顏色的極光
The Five Color Aurora

白色極光和藍色極光同時顯象
White Aurora and Blue Aurora appear at the same time

紅色極光 Red Aurora

（此極光顏色包括紅藍綠）

（The colors of the Aurora include red, blue and green.）

全星際網路改朝換代前後極光的不同
The difference of the aurora before and after the Shift

有法身的極光——光度較強烈
The luminosity of auroras with Dharmakaya is more intense

下永恆的極光——光度較柔和

The luminosity of Auroa of Low Eternal Stratum is gentler.

之前的極光——光度較強烈（有法身）
The luminosity of previous Auroras was
more intense (with Dharmakaya).

下永恆的極光—光度較柔和
（是大自然的演化，不具備法身與高法身）

The luminosity of Auroras of Lower Eternal Stratum is gentler
(It is the evolution of nature,
without Dharmakaya and the supreme Dharmakaya).

有法身的極光—光度較強烈

The luminosity of auroras with Dharmakaya is more intense.

下永恆極光的光度較柔和

The luminosity of Auroras of Lower Eternal Stratum is gentler.

自序

　　全星際網路已於2017年改朝換代，改為「下永恆」，由下永恆取代上永恆。下永恆的真髓，修行徹底以德性為主，一步一腳印真修實行。

　　2017年8月1日訊息：「下永恆，已圓滿」。

　　這是許多地球人正在經歷卻渾然不知的範疇，彷彿我們活在空氣中，卻往往忽略它的存在。編者之所以編纂此書，主要原因即傳遞此訊息給地球人知曉。

　　「改朝換代」彷彿人世間一個「極為政治」的名詞，這對我而言，是個極少碰觸的範疇。雖然在書中可能也會提及「教育、企業家或政治家」等工作，但編者想藉由本書傳遞的主要內容並非世間政治，真正希望能傳達給人們的訊息是「全星際網路的改朝換代」以及「讓心向善的力量」。

Prologue

The Metaphysical World had a dynastic shift in 2017, the Lower Eternal Stratum replaced the Upper Eternal Stratum. The essence of Lower Eternal Stratum is cultivated with virtue, step by step.

The message of August 1, 2017: "the Lower Eternal Stratum has been completed."

This is the scope that we, Earthlings, are undergoing without noticing, just like we live with the air but often ignore it. The main reason why I compile this book is to deliver this message to the residents of the planet.

"Dynastic shift" sounds like a very political term to common people. For me, politics is a field that I rarely touch. Although in this book, jobs like educators, entrepreneurs or politicians may be mentioned, politics on Earth is not the main idea of the message that I am going to deliver through this book. It is the "Dynastic Shift in the Metaphysical World" and "the Power of Good" that I am going to talk about.

因為某種因緣，讓我有機緣做這個分享，將「全星際網路於2017年已改朝換代」的宇宙實相透露給地球人知曉。「全星際網路」意指「所有星球」。為幫助讀者理解，在此先簡單介紹「實相」這個詞，因為在書中會多次使用到這個詞彙。「實相」指的是「實際情況、樣貌、狀態」，亦可指向「真理」一詞。

　　說實在話，一開始我並不清楚：「為什麼要讓地球人知道這樣的改變？」因為當時的我自私地認為：「其它人知不知道這個訊息，對我而言並不重要。」當時的我嘗試理解背後原因，後來想到一個可能，大概是：「如果地球人知道全星際網路改朝換代的宇宙實相，會讓地球人更容易省思自身處境，並且更容易與下永恆接軌」。但這純屬我個人揣想，畢竟天意難測，以我們凡夫之眼，想要不受表象蒙蔽，而能真正了解到事情的真實面貌，這在很多時候都不算是件容易的事。

Thanks to Nidana, for giving me the chance to share about the reality of "Dynastic Shift in the Metaphysical World in 2017" to the Earthlings. "The Metaphysical World" refers to the cosmic world. To help readers understand, here is a brief explanation to the term "reality", which is going to be used many times in the book: "the real condition, appearance and situation", also refers to the "truth".

To be honest, at first, I did not understand why I had to bother to let people on Earth to learn about such shift? At that time, I selfishly thought that whether other people knew or not did not matter to me. I tried to realize the reason, it came out to be "if the Earthlings have learned about the reality of the Dynastic Shift in the Metaphysical World, they might be more aware to their own conditions and have more connections to the Lower Eternal Stratum." However, this is just my own guessing. The willing of Heaven is unpredictable. It is hard to realize one thing's true nature without being deceived by the presentation, which is, so often times, not an easy thing.

我們這個星球的人，往往都活在表象、自我想像與詮釋的生活中。這句話聽起來似乎很複雜，其實舉個例子就很清楚。譬如有一個人清理屋頂淤泥，並且準備把那些淤泥送給園藝工作者，但另一個人見了這個情形（表象），就「覺得或認為」那個人只是想討好別人（自我想像與詮釋）。但真正的原因（實相／真實面貌）只是：那個人看到淤泥中有數隻蚯蚓和小蟲，他生出慈悲心，不忍把那些生命直接從高處丟至地面。由此可知：「對於表象的自我想像與詮釋」與「實相」之間往往相距甚遠。

　　在本書第一章所轉述的極光祕密亦是如此，地球人用一套看似合理的自然科學說詞詮釋了極光的成因，但實情卻非如此。於焉，人世間一場場誤會就從這些偏離實情的自我想像中展開，而地球人往往也在這種種的自我想像與詮釋中，看不清真實的樣貌。

People on this planet often live a life of presentation and self-imagination. It sounds complicated but easy to explain with an example: If someone was cleaning mud on the roof and he was going to give the mud to a gardener, meanwhile, someone else saw it, as the "presentation", he might think the mud-giver just wanted to please the gardener, which is the "self-imagination". But the "reality" is, there were some worms in the mud and the mud-giver saw it and he could not bear to throw those lives to the ground from such height, owing to his merciful heart. It was for us to know that our own imagination and annotation of the presentation are usually far away from the reality.

The secrets of the Aurora, which will be described in Chapter 1, are also an example. The Earthlings defined the cause of the Aurora with a seemly reasonable scientific explanation, which is far away from the truth. Somehow, a lot of misunderstandings on Earth had spread by self-imaginations, far away from the truth, which caused the Earthlings not to see it clearly.

「全星際網路於2017年已改朝換代」這個宇宙實相，只是所得知訊息中的一小部分，這個部分是編者獲准可以向地球人宣說的。下永恆的高層很慈悲，讓我用「宣說」這個詞，其實我不敢認為自己能宣說什麼，只是感恩，感恩下永恆的高層給我這個機會與大家「分享」。尤其是知道高層賜予這個機會不是因為我做得好，相反地是因為：我犯了過錯，高層慈悲，賜予將功贖罪的機會，再次感恩天地與高層的慈悲。所以底下採用「分享」的態度來轉述這些訊息。

　　其實，所獲悉的訊息中（經確認無誤的），裡面有很多是遠遠超過目前地球人想像與理解範圍。當初要我去向周遭的人分享「2017年全星際網路已改朝換代」乃至「2016年X行星事件」等訊息時，我真是有點不知如何是好。因為，周遭多半是一些有既定宗教信仰的人，去向他們分享這個「天外飛來一筆」的內容，說實在話，幾人能信，沒把我視為異常，或視作外道，就不錯了。就算是沒有既定宗教信仰的人，突然要去向人們說明這個「全星際網路已於2017年改朝換代，改為『下永恆』的宇宙實相」，又有幾人能接受。但是責任臨到身上，還是希望把它圓滿完成。

The reality of "Dynastic Shift in the Metaphysical World in 2017" takes merely a small part of the received message and it is the only part I was allowed to announce to the people on Earth. The Masters of the Lower Eternal Stratum showed mercy to let me "announce" it, which I did not dare to think of. I am only appreciative to the Masters of Lower Eternal Stratum for giving me such chance to "share". Especially, after knowing that I got that chance not because I did something good but of the mistake I made. The Masters showed their mercy by giving me a chance to redeem. I am grateful for it. Thus, the following messages will be delivered by way of sharing.

In fact, the messages received and confirmed are beyond the imagination and understanding of the people on Earth. When I started to share about "Dynastic Shift in the Metaphysical World in 2017" and "Planet X Event in 2016" with people around me, I did not know what to do because people around me were mostly religious. To share something, coming out from nowhere, with them would not make them believe or may cause them to consider me a heretic or pagan. To those who are not religious, they would either be convinced by "the reality of Metaphysical World having a Dynastic Shift to Lower Eternal Stratum in 2017". However, since I have taken the responsibility, I still want to complete it.

直至今日，已然是2018年2月，但還是有許多地球朋友未能了解到「下永恆已經來臨」的消息。總希望能把這件工作再做得圓滿些，雖然完全無法預期成效如何，但仍決定把它編列出來，好讓更多人知曉。進一步希望地球朋友們能提升心靈層次，接軌下永恆，希望地球危機解除，能朝正向永續經營，以上即是編輯此書的主要原因。不敢說能整理得多好，但總也是拿出了自己的誠意。期許有緣讀到這本書的人能從中獲益，不單只是「全星際網路的改朝換代」，我們的人生與心境也能真正「改朝換代」——脫胎換骨，而這正是《下永恆運行改朝換代的人生：新地球人文主義》之書名由來。

　　祝福各位地球朋友們，都能提升心靈層次，順利覺醒，並且接軌下永恆，讓自己過上改朝換代的人生。而編者真的很希望能看到地球處境好轉，地球能向善永續經營。因此，深心期許地球朋友們能藉由此書體會到地球的處境，體會到自己是一名地球人，讓我們共同來守護這個得來不易的星球。

Till today, in February 2018, there are still a lot of residents on the planet who do not know that the Lower Eternal Stratum has come. I wish that I could have done this job better. Though I cannot expect how this is going to work out, I still decide to compile these messages to let more people learn about them. Furthermore, I hope the residents on the planet could raise their spiritual level, connect to the Lower Eternal Stratum, relieve the crisis on Earth and keep on the sustainable management. These are the main reasons why I compiled this book. I dare not say that I did a great job, but I have done my best. I wish that those who have the chance to read this book could benefit from it. Not only the Metaphysical World changes but so do our lives and minds. This is the true purpose of giving the title to this book.

May all the people on Earth raise their spiritual level, awake and connect to the Lower Eternal Stratum; live a changed life. I am looking forward to seeing the situation of Earth bettered and Earth goes on with sustainable management toward good. Thus, I deeply hope that everyone on Earth can feel the condition of our planet, realize that we have to protect this precious planet together, as its residents.

關於本書這些訊息，對於能夠體認到下永恆已來臨的人，是不必特別向他們證明什麼的，因為這的確是現今的宇宙實相。然而，可能還是會有一些地球朋友一時之間無法相信或不易接受這個事實，但是想請您們儘可能地體會「這些訊息的用意以及所要傳遞的重點」，而非花時間去爭論它的真偽。

　　所以，在此再次強調這些訊息的重點：「德性」是下永恆運行的主軸與趨勢，而地球處於危機之中，地球人則處於同舟共濟的狀態，當地球人懂得摒棄過去以權力、欲望、貪婪、互相對立的惡性循環，地球才可能向善永續經營。而我們每一位地球人所要做的事很簡單，就是「讓地球人的集體潛意識得以淨化」，方法是「修養德性、認知宇宙因果法則，以及自我修正與提升」，方向即是「真心、真愛、真性情、不求回報，提升心境」。

About the messages in this book, there is nothing to prove for those who have realized the arrival of the Lower Eternal Stratum. This is the reality of the universe. However, there may be some people on the planet who cannot believe or accept that fact. For them, please try to understand the key point of these messages, instead of wasting time to debate if it is true or false.

So I am here to emphasize that the key point of the messages is: "Virtue" is the core of the Lower Eternal Stratum; Earth is in crisis and we are all in the same boat; when we learn about to give up power, desire, greed and fighting each other, Earth will stand a chance to be managed with good and sustainably. What each one of us needs to do is simple: purify our subconsciousness by cultivating our virtues, learn about the rules of the universe and make ourselves better. The principals are: sincerity, do good without asking for a return and elevate our spiritual levels.

　　當地球上有愈來愈多人體會到這個道理並且腳踏實地落實後，一旦這些揚昇至下永恆的人數達到臨界點，地球的許多問題是能夠被解決的，甚至也可以成為一方淨土，而這取決於地球人是否願意進行修正。因此，不要小看自己的每一個念頭和言行，當我們學著把念頭和言行導向善的方向時，就已經是在為「淨化地球人集體潛意識」盡一份心力。所以，行善並不困難，不一定非得參加什麼團體，也不一定要捐錢，行善就在日常生活中，在我們每一個當下的自我察覺與修正。

（P.S.請「勿」將這「全星際網路的改朝換代」等同於人間政治，希望本書不被有心人士利用。）

整理於 2018年2月1日

定稿於 2018年2月5日

When more and more people on Earth realize it and put it into practice, the number of people who connect to the Lower Eternal Stratum reaches a critical point, many problems on Earth will be resolved and it may become a paradise. It all depends on if the Earthlings have the will or not. Therefore, do not underestimate every single thought or move of your own. When we redirect them to the direction of good, we are dedicated to purifying our subconsciousness. It is not a hard thing. We don't need to join any charity or donate money. We can do good things in our daily lives, be aware of ourselves and fix the problems at every moment.

P.S. Please DO NOT equate "Dynastic Shift in the Metaphysical World" with politics of mankind. I do not wish my book to be utilized by some people without good intentions.

Organized on February 2, 2018

Finalized on February 5, 2018

本書使用說明

　　關於本書，有些朋友們看了初稿，反應有種過於深奧之感，或者認為脈絡不夠明確。除了慚愧自己表達能力不佳之餘，也感恩這些朋友們的提醒。因此，特別在書籍開頭增加「本書使用說明」，希望幫助讀者容易與此書產生理解與共鳴。

一、關於書名

　　書名定為《下永恆運行　改朝換代的人生：新地球人文主義（The Movement of the Lower Eternal Stratum : Life Massively Changes ─A New Earth Humanism）》。

（一）下永恆運行

　　「下永恆運行」是2017年以來的宇宙現況，昭示著一個嶄新紀元已經來臨。然而這個新紀元的來臨與我們地球人乃至芸芸眾生的關係為何呢？重點即在於：生命格局的揚升。我們要進入一個新紀元，得先讓自己的心靈層次、生命格局得以提升。什麼是「生命的格局」？簡單來說就是：心量的大小，而其基礎為「善的流動」。

一個為自身利益而活的人，生命格局只有個人大小；

一個能為家庭著想的人，生命就有家庭大小的格局；

一個能為社會著想的人，生命就有社會大小的格局；

一個能為地球著想的人，生命就有地球大小的格局。

一個能為芸芸眾生著想的人，生命就愈益廣闊。

　　重點就在：我們如何調整「自己思考事情、看待自己、對待世界」的視角，以與這個新紀元呼應。值得說明的是：「著想」必須以「發自內心之善」作為支撐。如果假藉「著想」名義，實則為滿足自己利益私欲，這並非「著想」與「心量」的原意。所以，從這裡我們可以了解「要如何讓人生邁向幸福，過上改朝換代的人生」，其重點之一就在於：讓心靈層次提升。

　　提升的方法即為「真心替他人著想而不求回報」，這就是擴充心量，亦即下永恆新紀元所要彰顯的「德性」，也就是高尚的人品（不是高傲的人品），亦即所謂的「品德」。很多地球朋友們不易理解「德性」這個詞，用現代的話語來說，「**德性就是——真心為他人著想、利益他人而不求回報**」，這正是現前的地球人有待努力的區塊，也是功利社會體系中所最欠缺的元素。

　　當代社會有個狀況名為「疏離（alienation）」。何謂「疏離」？也就是說雖然隨著科技進步，人類彼此

在聯繫上更加容易便利,然而內心彼此的距離往往是遙遠的。人們往往感覺不到與周遭人們的和諧,我們在Facebook、Instagram、blogger⋯⋯可能有許多所謂的「朋友」。但可以看出:其中絕大多數的人不會真正和我們產生心靈上的互動與共鳴,甚至許多是出於工作上的需要或是人情,或者只是在孤獨寂寞的心情下,渴望人世間一縷心靈上的慰藉。

所以,現代為什麼會產生一些AI對話的軟體或App?AI,Artificial Intelligence,即人工智能。為什麼逐漸演變成「需要透過與這些虛擬人物對話」來緩解人生的不安?因為當代人類多半處於孤獨與寂寞感之中,人與人、與大自然、天地、地球的「連結」出了問題。所以不管是誰,彷彿只要有個人可以與自己說話即可,哪怕那個對象只是「對話軟體」。

您們不覺得好奇嗎?為什麼明明聯絡媒介已如此方便,但我們經常連找個可以說心裡話的對象都沒有。像本書〈書末寄語〉所提到的韓國藝人鍾鉉Jong-hyun,他如果要找人與他談話不是難事,但為什麼他「找不到真正可以對話的人」?原因就在於:找個人說話很簡單,但是心靈上的共鳴未必容易。我們地球人彼此之間「心靈上和諧共鳴的連結管道出了問題」,而「心靈的連結」與「通訊設備的進步與否」沒有絕對關係,而是與彼此的真誠與善意有關。

在目前整個地球的狀況看來，「真正發自內心為他人著想」的狀態是匱乏的，不是沒有，但整體比例上來看，仍是不足。其實，我們人類內在的真愛與善意從來都沒有匱乏過，但為什麼呈現在現象界上卻是缺乏的。因為多數地球人迷失了，不了解「自己轉生於地球的真正用意」，而這也是地球人難以真正「安心立命」的原因之一，也是現今學校教育中不會告知各位的區塊，更是導致人生迷茫、內心焦慮的一大成因。

而今AI時代來臨，很多人類會做的事，都可能改由機器人代替。請問：我們人活著的意義與價值何在？AI機器人的出現，又將對於「人生意義為何」這個問題帶來新的衝擊與省思，而這即將是地球人會遇到的問題。有些人擔憂，AI會出現自行演算、自我修改程式，最終超越人類能力，甚至反過來控制人類。編者可以明確地告訴您們，這不是我們要擔憂的事。我們要關心的是：「如何讓地球人的心靈（意識及集體潛意識）揚升至平和穩定的狀態」。當人類的心靈狀態和諧而穩定，明白自己生命的意義，以及靈魂轉生的目的，並且懂得尊重感恩大自然、天地、地球……，乃至懂得尊重AI機器人，而能從中產生和諧的共鳴，讓地球向善正向發展。在此前提下，AI控制人類的可能性是微乎其微的。

所以，您們不覺得目前人類的思維很詭異嗎？人類創造AI人工智能，然後又擔憂它會反過來操控人類，所

以又想辦法要限制、控制它。這種思維，就是典型的二元對立思維。此種思維及擔憂的方向錯了，不是一直採用這種二元對立方式在與世界相處。「如何認清人生意義，如何達到和諧共鳴」才是需要努力的方向，否則人們會一直處於衝突與矛盾當中。而「認清人生價值（靈魂轉生意義），與提升心靈層次，互相尊重，和諧共鳴、和平共處」，這才是真正的解套方式。

　　否則，就算AI時代沒有到來，許多人類不是早已迷失在物質與小我情緒世界當中走不出來，而被貪欲、瞋怒、愚昧所控制。我們許多人早就被上述負面的能量控制而不自知，又何必等AI來控制我們？所以，AI人工智能時代的到來，「並非」為了讓人類再度玩起二元對立與控制／被控制的遊戲。AI世代的意義價值在於：「讓地球人重新省思自己與人、與世界的連結」以及「重新彰顯德性、人品、品德的重要性」。

　　在過去幾個世紀中，人們逐漸走向工商時代、注重功利、物質、科技，與周遭的人愈來愈難以產生和諧共鳴，與動植物、自然土地、地球也未必能產生和諧的共鳴與連結。何謂「和諧的共鳴」？就是我們處在社群裡、處在環境裡是一種平和自在、內心愉悅、充滿愛與感恩的狀態。然而，我們地球朋友們有幾個人是處於這樣狀態的？譬如周一症候群，我們往往在周末過後對於上班工作感到不情願，為什麼？因為我們沒能在工作中

獲得愉悅，我們經常得面對上司責備、同事冷言冷語、業績壓力，以及生活壓力。

☆我們為了生活而工作，
　但我們有時卻在工作中失去生活。

　　不只是工作，此外還有天災以及國際情勢的緊張，乃至戰爭壓力。一直很納悶：為什麼地球人要營造出如此充斥著壓力與恐懼的情勢？究竟問題出在哪裡？除了抱怨之外，我們能做些什麼好讓這種情況得到改善？關於這些問題，很大的原因就在於：我們對「自己，以及自己與世界、與他人的關係」認識不清，且未能以一種和諧共鳴的狀態過生活。

　　長久以來，我們因循一套錯誤的觀點與相處模式，這不是說地球人是惡的，只是我們忘卻了最初的善良與美好。而在這個下永恆新紀元當中，我們要重新發現這份美好——重新找回人與人之間、與萬物，與大自然之間的和諧共鳴。對立與鬥爭、戰爭與威脅不該再是新紀元裡的處事方式。「和平與尊重」才能與下永恆新紀元的重要精神「德性」相契合，這裡頭所蘊含的是一顆帶著「希望眾生免於恐懼，而能向善進化」的心念與善意，而這就是慈悲心、惻隱之心（compassion）。

☆當人們願意且調整到一個合宜的視角、觀點、方式去
　認識自己和世界的關係後，世界將以嶄新的面貌對我

們呈現。當然，這必須以「真正為人著想的善意」為出發點，而不是「口是心非的善意」。

所以，本書的書名雖然在瞥見之下「好像很嚴肅、很遙遠、很哲學、很陌生」。然而，如果您們願意去細細品味，就會發現書中所要傳遞的概念很有趣，也很有意思，甚至會發現這些觀念與生命息息相關。或許您就在這閱讀當中獲得啟發，而打開全新面貌的人生。

（二）改朝換代的人生

「改朝換代的人生」則對應到「全星際網路改朝換代」。所要強調的是：此書所謂的「改朝換代」≠「人間的政治」，請讀者不要誤解或誤用。而上述「下永恆、全星際網路……」等詞語可能讓人們在初次閱讀時感到陌生。但是不用擔心，關於這些詞彙的概念在書中已附上相關說明，相信您們只要細細閱讀，一定能夠理解的。

當《哈利波特》推出時，裡頭也有許多沒聽過的詞語，但有不少人都看得津津有味。這本書雖然不屬於小說性質，其中也有些詞語您可能第一次聽聞，但我想這對您們而言，也沒有深奧到難以理解。而且這與幸福人生息息相關，所以請用心去體會本書所蘊含的意義吧！

（三）新地球人文主義
（A New Earth Humanism）

這是一個概念，讀者無需對它望之生畏。

關於「主義」這個詞，「義」具有「合宜、合適、合理」的意思，所以「主義」用容易理解的話來說就是「合宜、合適、合理的觀點、概念或主張」。但是，「合宜、合適、合理」可能具有主觀性，譬如同一件事，這個人覺得合適，另一個人可能覺得不OK。然而其中是否有客觀評斷標準？編者認為這個評斷標準並非侷限於宗教領域的「因果觀」，而應該提升層級至「宇宙因果法則的因果觀」。因為各個宗教對於因果的內容可能理解不同，然而「宇宙因果法則」卻是放諸四海而皆準的。編者認為釋迦牟尼佛所提及的因果觀，是目前地球上對於宇宙因果法則說明得最詳細的，相當值得地球人加以認知。

此外，任何的主義、主張或概念，都可能隨著時空變換而調整，但是不論如何改變，原則不變，即必須是合宜、合適、合理的（合乎宇宙因果法則真與善的原則）。所以在書中編者將轉述「下永恆的精神」以及略提「宇宙因果法則」，這個部分有助於地球人類能更加理解到真實的世界樣貌。

2016年4月2日，「新地球人文主義」概念的萌發。

關於這個部分，請參考本書附錄〈新地球人文主義（A New Earth Humanism）〉。

2018年3月21日，「新地球人文主義工房New Earth Humanistic Workshop」草創，目標為：

1.協助地球朋友體認下永恆新紀元的來臨，體認「德性、品格」的重要，認知靈魂於地球轉生的真正意義。

2.將「宇宙因果法則」融入人文主義概念當中，並協助地球人認知「宇宙因果法則」，而能為人生撐起一把功能強大的保護傘。

3.協助地球人向善發展，發揮善的力量，以揚升集體潛意識。地球人向善的人數達到臨界點，地球負面狀態翻轉，地球轉為正向永續經營。

以上，絕非一個小小的工房或數人之力可以完成，所以要請各位地球朋友們共同努力。努力的方式不難，即「認知德性的重要，內省與自我修正」，而這不需要參加任何團體，也無需加入本工房，只需要培養正確的人生理念。因此，「新地球人文主義工房」未來的規畫，是在官網上傳遞正確理念，以及分享善良溫馨有益人心向善的訊息，最多就是將資訊集結出版，而此費用由本工房自行吸收。所以，「新地球人文主義工房」未來不進行募款，不設捐款帳號，敬請明察。

在生活中，您與我們工房成員或許終其一生不會見面；但我們可以為了同一個美好的理念，而讓心靈相遇。這個理念落實後的成果，未必在我們這一代，但是我們要讓「新地球人文主義」所蘊含之「善的能量」種植在這片土地上。我們沒有辦法預料會有什麼發展，但相信這絕不會是好高騖遠。為了讓這個得來不易的地球可以正向永續發展，邀請同為地球人的您們共同努力。

「新地球人文主義工房」官方部落格網址
http://shinowen26473.pixnet.net/blog

Facebook：愛的下永恆・新地球人文主義工房

二、關於各章內容

〈序〉和〈第一章　極光的祕密　下永恆運行——2017年全星際網路改朝換代的宇宙實相〉

這個部分為中英文對照版，是全書的核心與發起，也是目前人們尚未知悉的區塊。使用中英文對照的目的在於：希望讓更多地球朋友有機會看到這則訊息。但是這些訊息對某些人而言可能一時之間難以理解。難以理解的原因在於：這些訊息極可能會「挑戰」到您們既定的價值觀，雖然編者無意挑戰您們。所以，請您可以先試著體驗這些訊息所要傳遞的真正意涵。如果您真的還

是對這個部分感到難以理解，或一時之間不易接受，建議您可以從第二章開始閱讀，然後再回過頭來閱讀序和第一章。以下先簡述本章重點。

本章重點在於傳遞2011年以來直至2018的「宇宙現況、地球處境」讓地球朋友們知曉。透過了解這些訊息，進而理解：

1. 我們都是地球人。對於地球處境，是共舟共濟的狀態。

2. 地球的種種危機與災難的根源在於「人心的變異」，以及從心之變異而衍生出「對人、動植物、事、物與地球環境的種種不當對待。」

3. 在上述前提下，「集體潛意識的揚升與淨化」成為必要。這是每一位地球人只要願意，都可以實行的，無需特別參加什麼團體或宗教，方法很簡單——建立正確的人生觀念，關注自己的心念、言語、行為，於生活上實際練習與執行。當我們發出善念時，就已經是在為邁向幸福人生，與幫助地球正向發展做努力。至於「第二章的認清自己，與第三章提到的宇宙因果法則與對『捉周模式』的覺察」有助於達成上述目標。

當地球人向善人數達到臨界點，過去以貪婪與對立、匱乏心理為核心的集體潛意識將會翻轉，而地球

處境與許多災難與社會問題將會得到改善。協助地球向善、正向永續經營是本書的主要目標，但這仰賴於地球居民無國界、不分種族、不分宗教地共同努力。因為，我們都是地球人。不論您想往生西方極樂世界，或是回到耶和華的懷抱，乃至於去面見真主阿拉……。現在這個當下，此時此刻，您與我都站在地球上，都是地球的一分子，共同享有保護這個星球的責任，這是我們需要體認的。

有的人一聽到「保護地球」，就覺得那好像很高遠，或者認為自己沒有那麼偉大。的確，人類真的沒有那麼偉大，但是，我們只是在為這個生育我們的星球盡一份我們盡得到的心力。哪怕它只是個讓我們得以粹煉心靈的「場景」，我們都有保護它的責任與義務，更何況它也是有生命的存在。（視之為場景，是提醒我們不要貪婪執著；視之為有生命的存在，是提醒我們懂得尊重珍惜，兩者並無衝突。）

〈第二章　認清自己　接軌下永恆〉則協助地球朋友們了解以下重點：

1.了解我們都是地球一分子。

2.認識人身與靈魂的關聯。

3.認知靈魂為何轉世？

4.將「天命」一詞賦予新時代的意義。進而舉企業家、政治家、教師、食品營造業、導演等職業，以探討這些工作的「新時代天命意義」。希望藉由這些探討，讓人們體會到「生之責任」。

〈第三章　為人生撐起一把因果保護傘〉

一般我們聽到「因果」這兩個字，都很容易覺得這個「好具有宗教意味喔」，其實不是這個樣子的。不論我們有沒有宗教信仰，我們都活在因果的規律當中，它有點像是「宇宙的遊戲規則」。既然如此，我們就有必要去認識它、理解它。就像去遊樂場玩碰碰車一般，在完全不知道遊戲規則的情況下，還是有人上場去玩，但發生危險的機率就大；若能知道遊戲規則、相關安全注意事項，那我們可以避開危險的機會就大。「認知宇宙因果法則」就有點像上述「了解遊戲規則」的意思。所以，要如何「為幸福人生撐起一把保護傘」？「了解因果」是一個很好的方向。

在第三章中，會舉「使用網路的抓周模式」來說明。如果您有看過2012年的台灣電影《陣頭》（Din Tao：Leader of the Parade），可能就會對「抓周」有點印象。但「抓周模式」與「抓周」又有點不同，不同之處為何，就麻煩您們到第三章去了解囉。

最後的〈附錄：新地球人文主義（A New Earth Humanism）〉，有點類似本書的結語。也許您覺得：書名的副標題明明就是「新地球人文主義」，結果在全書末才提到，而且還放在附錄。其實對編者而言，是沒有這個問題的。因為，前頭也提及「新地球人文主義」是一個尚待人們理解的概念，我們「無意」去創立一個什麼很哲學式或很具政治立場的「主義」。之所以把它放在書末，是因為「新地球人文主義」對編者而言，只是一個概念的形容詞，是因應「下永恆新紀元來臨」的一個形容。所以，重點還是在於：我們是否能理解下永恆——新紀元已經來臨的事實，並且讓自己的生命格局、心靈層次提升到相應的高度。

關於「本書使用說明」的產生，是為了讓閱讀者更容易進入文本脈絡，因而增添這些篇幅。希望能對您們在理解本書上有所助益。

極光的祕密　下永恆運行

——2017年全星際網路改朝換代的宇宙實相（中英文對照）

Chapter 1

Secret of the Aurora and the Operation of the Lower Eternal Stratum

— Dynastic Shift in the Metaphysical World in 2017
(Chinese-English bilingual format)

您是否想過：如果遠古神話，不是編纂的故事，而可能隱含遠古時代的真實歷史。

　　您是否想過：如果雷聲，不只是單純的自然現象，其背後有著大部分人所不認識的原因。

　　宇宙之大，無奇不有，其實不是它們奇，只是我們所知太少。

　　這裡要與大家分享的是「極光的祕密」：一個發生於2017年的大事紀——全星際網路改朝換代的宇宙實相。

Have you ever wondered that if ancient myths were not made-up stories, but true histories of the ancient times?

Have you ever wondered that if thunder is not just a simple natural phenomenon, but happens for some reasons that most people do not know?

The universe is so huge and there are many strange things happening. In fact, those things are not strange. It is because we know too little of them.

I'm here to share everyone about "the Secret of the Aurora", which is a big event that happened in 2017: Dynastic Shift in the Metaphysical World.

一、2017年全星際網路改朝換代的宇宙實相——下永恆成立

　　很多人聽過極光，也許你曾看過極光，不論是親臨實地，或是從網路或書本中欣賞。相信多數人會驚嘆於極光的美麗，但您是否知道極光所蘊含的祕密。關於極光如何產生，自然科學家有一套解釋，然而該說法只是眾多詮釋之一。

　　編者無意否定科學家的努力與貢獻，可是我們是否曾想過一個問題：也許人類所認知的這些所謂的「科學知識」未必等同於「宇宙的實相」。接著我們來看看2016年到2017年宇宙的巨大變動。但由於當前地球人認知有限，心靈狀況尚未準備妥當，所以「大天」只披露一小部分讓地球人知曉。很感恩，此次由編者傳遞這則訊息。

　　很幸運，我聽聞到關於極光的祕密，而這涉及近年來宇宙間的巨大變動。更確切地說，這發生在「全星際網路」（意指所有星球），或者說是宇宙實相層面。

Dynastic Shift in the Metaphysical World in 2017
– The Lower Eternal Stratum Established

Many people have heard of the aurora borealis. Perhaps you have seen it yourself, either in person, online or in the books. I believe that most people are impressed by the beauty of the Aurora, but do you know its origin and its secret? Scientists have their own claims, but theirs are but just one explanation amongst many.

I have no intention to deny their contributions but have we ever thought about that, maybe the "scientific knowledge" most people know is not "cosmic reality"? Let us see the massive change in the universe that happened from 2016 to 2017. Since the knowledge of Earthlings is limited, their state of mind is not yet prepared, therefore, the metaphysical world only reveals it to a few Earthlings to know. I'm appreciative of being here to deliver this message.

Luckily, I have heard about the secret of the Aurora, which relates to the great changes involved in the universe in recent years - or, more precisely, in the metaphysical world or cosmic reality.

至今為止（2018年2月1日），地球人對於這個巨變幾乎一無所知，但很抱歉的是——我也不知該如何向地球朋友們證明這件事，只能按照所得知的訊息傳達給地球人。其實像「極光所蘊藏的涵義」，對於宇宙高層而言，祂們一目瞭然，反觀我們地球人卻只能感嘆極光好美，或者把極光的成因做一番自然科學式的解釋，然而這解釋與「宇宙實相」實則相距甚遠。

　　2017年，全星際網路改朝換代，由下永恆取代上永恆，我們這個地球屬於下永恆的範疇。何以由「下永恆」取代「上永恆」，肇因於過去上永恆有多數靈體心念偏差，逐漸轉為重視法力、權力，濫用法力，甚至使用法術造惡。上永恆偏差的靈體愈來愈多，牴觸宇宙因果法則中「以真與善為導向」的根本原則，而所造惡業不斷積累，形成難以挽救的局面，最終被宇宙因果法則淘汰。因而，改由「下永恆」取代「上永恆」。

As at today (February 1st, 2018), Humanity is completely ignorant of this great shift. I am deeply sorry that I have no way to prove its existence, for I speak only in accordance with what I, myself, have heard. I hope, now, to pass it on to the rest of Humanity. Like "the meaning of Aurora", it is very clear for the masters of the universe; but for, we, earthlings, we are only amazed by its beauty or make a scientific explanation, which is far away from the "cosmic reality".

In 2017, the metaphysical world experienced a dynastic shift. From the original Dharma Realm (法界), came the replacing Upper Eternal Stratum (上永恆) and Lower Eternal Stratum (下永恆). Why has the Lower Eternal Stratum replaced the Upper Eternal Stratum, the reason is that in the past, the majority of the souls of the Upper Eternal Stratum deviated and gradually shifted to mystical power, power, abuse of mystical power and even using magic to do evil. The deviation of the souls of the Upper Eternal Stratum had increased considerably that it was in conflict with the fundamental principle of "being guided by truth and goodness" of the causal laws of the universe. However, the malevolence continues to accumulate, creating a situation where it is difficult to be rescued and which eventually will be eliminated by the causal laws. Therefore, the Lower Eternal Stratum replaced the Upper Eternal Stratum.

這個「2017年下永恆運行」是個重要的里程碑，標誌著以「德性」為主的新紀元已然來臨。不像偏差後著重於法力、權力的上永恆，下永恆強調「德性」，看的是「真心、真愛、真性情、不求回報、提升心境」。以德性為主、一步一腳印的修行即是下永恆的精髓。

The "Dynastic Shift in the Metaphysical World in 2017" is a significant milestone, the era of "virtue" has come. Unlike the deviated Upper Eternal Stratum emphasizing power and authority, the Lower Upper Stratum focused on virtue, sincerity, love, true disposition, ask for no return, lifting the state of mind. The step-by-step cultivation of virtue is the quintessence of the Lower Eternal Stratum.

二、極光的祕密

以下將引導地球朋友們進一步認識極光所蘊含的意義。

（一）全星際網路改朝換代前的極光是法身，五種顏色代表不同位階

我們先欣賞幾張圖片，這些圖片是全星際網路改朝換代前的極光。（請翻到第4到第7頁）

上列照片中的極光是之前「十億尊一切如來」助戰的榮景，有白光、綠光、藍光、紅光、金光，分別代表祂位階的層次。當時的極光只是法身而已，還不是永恆的執法靈體，要到宇宙主宰的位階才屬永恆的靈體，是高法身。

The Secret of Aurora

The following is a guide for Earthling friends to further understand the meaning of Aurora better.

Pre-shift aurora is the Dharmak: ya; the five different colors represent its five different levels

Let's take a look at some pictures, these are the pre-shift auroras. (Please turn to page 4 to page7)

The aurora lights in the above photos are the glorious, empowering sights of the "One Billion Praises of the Tathagata". The five colors - white, green, blue, red, gold - are the levels of the Dharmakāya, but are not the Eternal Stratum's soul of enforcement. It is the level of the ruler of the cosmos, that is the soul, that is the supreme Dharmakāya.

（二）全星際網路改朝換代前後極光的不同

【基本上】

全星際網路改朝換代之前，極光是法身的顯象，而現在的極光不具備法身。之前的極光光度較為強烈，而現今則顯得較為柔和。現在的極光沒有法身和高法身，與之前的極光相較，看出光度明顯不同，人類看到的只是如此而已。（請參照8至12頁）

【但書】

2017年進入下永恆，柔和的極光是大自然演化，但因整個亂象尚未平息，若是出現「光度鮮豔且具法身的極光」亦屬合理，好比一個國家光復後也會有過渡期，更何況涉及整個星際的轉換。

The difference of the aurora before and after the Shift

【 Basically 】

Before the shift, the aurora was the manifestation of the Dharmakāya. It no longer is. Previously the auroras were more intense; now, they are more gentle. Now the auroras are not the Dharmakaya or supreme Dharmakaya. The luminosity of the current auroras is significantly different from those of the past auroras; humans are only able to see this now. (Please refer to page 8 to 12.)

【 Provisos 】

In 2017, the Lower Eternal Stratum was established. The soft aurora light plays a part in the evolution of nature. However, the chaotic phenomenon has not come to an end yet, so it is reasonable that "Aurora with bright-colored luminosity and Dharmakaya" make an appearance. It is like that there will be a transitional period after a revolution in a country, so will the Dynamic Shift be possible in the Metaphysical World.

三、為什麼「大天」傳遞這則訊息給地球人？

　　希望地球災難趕快結束，讓大家知道：全星際網路確實已於2017年改朝換代。把上永恆廢除，由下永恆替代，因為上永恆的所做所為嚴重失當，造惡滋甚。而上永恆中造惡的靈體在宇宙因果法則中被淘汰出局，為善的靈體投胎轉世，由此可見宇宙因果法則的重要。有高人沿路拼命才有下永恆，希望大家抱著感恩的心，珍愛地球。

Why have the Heavens (metaphysical world) given this message to humanity?

Hopefully, the Earth's natural disasters will end soon so that all will understand that the shift described above has occurred in 2017, that the Lower Eternal Stratum has come. Because of the Upper Eternal Stratum's gross misconduct, evil has been created and the souls of the Upper Eternal Stratum's souls are eliminated by the causal principle of the universe and reincarnated as good souls. This shows the importance of the causal principles of the universe. There are outstanding people who have worked tirelessly for the Lower Eternal Stratum. Hopefully, all can hold hearts of gratitude, protect and love the Earth.

四、「經歷劫難的地球」
　　與「不知經歷劫難的地球人」

　　在2011年左右直至2017年，地球經歷了好幾次巨大危機，包括2012年的世界末日、2016年X行星事件，乃至太陽的能源不足等問題。但地球人似乎未能真正察覺其嚴重性。

　　也許有的人會認為：現在地球仍然存在，哪有什麼末日？但是，很多事情不是像我們眼睛可觀察到的那樣簡單。尤其是涉及到全星際網路或形而上世界的時候。舉一個例子，如果有一顆棒球朝我們飛過來，但半途被人攔截，我們認為沒有棒球朝我們飛過來，但實際情況卻非我們所想，關於上述地球的災難也是如此。近幾年來，地球經歷了好幾次重大的災難，但是被高人化解了，於是我們很容易輕忽這些災難的嚴重性，甚至誤以為沒有這些災難。

"A planet that has undergone catastrophes" and "Earthlings who are unaware of such catastrophes"

Around 2011 till 2017, the Earth experienced several major dangers, including the end of the world in 2012, the 2016 X planetary event, the lack of solar energy and other issues. But Humanity seems to be unaware of the seriousness of these events.

Maybe some people believe that since the Earth is still here, what is this talk of the apocalypse? But many things are not as simple as what our eyes can see, especially when it comes to the metaphysical world. To give an example, imagine there was a baseball flying over you, but it was intercepted halfway by someone. According to what we have seen we think there is no baseball flying toward us, but the actual situation is not so; this is also true of Earth's disasters. In recent years, the earth has experienced several major disasters, but each was resolved by the Supreme people. Thus, we can easily ignore the seriousness of these disasters and even mistakenly think that there is no disaster.

（提到「高人」，可能會有些人站出來，認為自己就是這位高人。然而據知這位高人並非宗教人士，也不是任何一位「認為或暗示自己是高人的人」，當然也不是「那些在遇到災難時消聲匿跡，然後災難過後才出來邀功的人」，編者相信這位高人必定是一位腳踏實地的修行者。）

既然已經有人為了地球的存續盡了最大的努力，而同為地球人的我們是否也應該為這個星球盡一份心力，朝向「修正自己，發出善念，真愛地球」等方向努力。現今地球雖然暫時保住，但是未來會如何，宇宙高層的訊息是：「看地球人自己的造化。」也就是說，地球未來是好是壞，是存是亡，取決於地球人的努力。

(This supreme person is not a religious person, nor is one who believes that oneself is, personally, great, but is, in fact, a down-to-earth practitioner. Of course, the person is also not one who disappears in the event of a disaster and comes out to take credit after the disaster has been quelled.)

Now that this supreme person has made the greatest effort for the survival of the Earth, then so should we, as people of the planet, contribute to this Earth. Although the Earth is now alive, what does the future hold? The message of the masters of the universe is: look at the good fortune of Humanity. Whether the future of the Earth is good or bad, is to exist or to die, all of this depends on the efforts of Humanity.

如果愈來愈多的地球人致力於成為一位善良的人，那麼地球也會正向發展，甚至我們期許它能夠永續經營。但相反地，如果地球人一直朝自私自利、貪婪、權力、欲望、暴力、色情、毒品等方向發展時，將促使地球加速滅亡。

　　其實地球在宇宙間相當渺小，若要用譬喻的方式，先前的地球彷彿一個不重要且沒有貢獻的小部門，這個部門曾經面臨被裁撤的危機。說實在話，身為地球人的我們自己如果不珍惜地球，真的也很難指望其它星系珍惜它。

　　至於謙虛與感恩，這是我們全體地球人都要學習的功課。我們實在相當渺小，但吊詭的是：卻又相當傲慢，我也時常犯這樣的錯誤。

If more and more people are committed to becoming good, then the Earth leans towards positive development, and we can expect its continued existence. On the contrary, if humanity supports or fights for greed, power, desire, violence, lust and the like, we accelerate the Earth's demise.

In truth, the existence of the Earth amidst the cosmos is quite negligible. To speak, metaphorically, the Earth seems to be a sector of little importance and contribution. It is also a sector that has faced the crisis of destruction. In all honesty, as Earthlings, if we, ourselves, do not cherish it, how then can we expect other galaxies to cherish it?

As for modesty and gratitude, these are lessons that all of us have to learn. We are negligible, but paradoxically arrogant. I have, sometimes, committed this mistake as well.

五、特殊詞彙說明

【下永恆】

以「德性」為主，一步一腳印修行即是下永恆的精髓。著重「真心、真愛、真性情、不求回報，提升心境」。

【上永恆】

原本為善，但後來出現重視法力、權力的偏差靈體，由於偏差靈體愈來愈多，濫用法力，甚至使用法術造惡，惡業指數過大，於2017年上永恆被宇宙因果法則淘汰。

【全星際網路】

指所有星球。此「網路」並非「電腦的網際網路」。

【2017年全星際網路改朝換代】

指所有星球由「下永恆」取代「上永恆」。

Special Terms explanation

【 Lower Eternal Stratum 】

The step-by-step cultivation of "virtue" is the quintessence of the Lower Eternal Stratum. It focuses on "sincerity, love, true disposition, ask for no return, lifting the state of mind."

【 Upper Eternal Stratum 】

Originally benevolent, but later on, came to value mystical power, these souls deviated considerably from power and even used magic to do evil. The malevolence ratio was becoming too large and in 2017, the Upper Eternal Stratum was eliminated by the causal laws of the universe.

【 Dharmakaya 】

Refers to all the planets. This "Internet" is not the "Internet of computers".

【 Dynastic Shift in the Metaphysical World in 2017 】

Refers to all planets with the "Lower Eternal Stratum" replacing the "Upper Eternal Stratum".

【大天】

即「在一顆不想滅亡的心，涵蓋所有星球及大自然、十方遊走的正氣。」所以，「大天」並非基督教裡所謂的天堂，也不是佛家所謂的大梵天王，也不是色界、欲界、無色界等諸天。

【宇宙因果法則】

以「真」與「善」為導向，發自內心為「真」，利益他人而不求回報為「善」。不被物質世界迷惑，為「真」；朝向心性提升而努力，為「善」。自私自利、損害眾生、破壞地球、貪求名利，行作或傳播暴力、色情、毒品等事，均屬「惡」。「真」與「善」有益地球進化／淨化與正向永續經營。「惡」，則感召個人與地球之災難，上永恆即因造惡太甚，而遭宇宙因果法則淘汰。

【 Metaphysical World 】

That is "in a heart that does not want to perish, it covers all the stars and nature, and righteousness fills the world." Therefore, the "metaphysical world" is not the so-called paradise in Christianity, nor is it the Brahm a of Buddhism. It is not Buddhist cosmology, material world, formless realm and so on.

【 Causal laws of the universe 】

Guided by "integrity" and "benevolence", "integrity" comes from the heart and benefit others without being reported as "benevolence". Not bewildered by the material world, it is "integrity"; Working toward a spiritual ascension, it is "benevolence".

Selfishness, harming sentient beings, destruction of the earth, avarice for fame and fortune, acts or spreading of violence, pornography, drugs and so on are all "evil"."Integrity" and "Benevolence" are beneficial to the evolution/purification and positively sustainable operation of the Earth. "Evil" influenced the individuals and the Earth's disaster, the Upper Eternal Stratum, as a result of the accumulation of evil, was eliminated by the causal laws of the universe.

編者按

將這些訊息轉述給地球朋友們的用意：

1.喚起大家的地球人意識。希望地球朋友們能夠共同
　朝向善的方向努力，修正自己的思言行，提升心靈
　層次，好讓自己順利與下永恆接軌。與下永恆的接
　軌與否，取決於個人的心靈層次，我們同樣生活在
　地球上，但相應的維次是不同的。

Editor's note

There are several reasons for today's message to the friends of Planet Earth:

To arouse a collective consciousness of the Earth. Hopefully, Earth's friends can work together in the direction of good efforts to amend our own words and deeds, to enhance our minds and smoothly let us be a part of the Lower Eternal Stratum. Regardless of the connection with the Lower Eternal Stratum and its effect on the individual's spiritual level, we still live on Earth, though the corresponding dimension is different.

2.提醒大家：地球人其實處於一個同舟共濟的狀態，共同面對地球的存亡問題。地球人一直以來都採取著錯誤的相處模式，就是對立與鬥爭。人類有歷史以來，可謂戰爭連連，意識裡的粗暴因子不斷，直至今日，幾乎還是處於大國打壓小國、企圖想吞併小國的情勢，一言不合便以武力威脅。何以大國不抱持著「希望其它國家好的立場」來與他國相處呢？連本應最單純的學校教育裡，卻也存在著同儕間的霸凌現象。讓人感到：許多地球人不懂彼此尊重。

然而，地球人是否想過一個問題：如果地球真的在危機中滅亡，我們彼此究竟在鬥爭什麼？為什麼不朝向彼此合作、共同提升的方向努力。居安都要思危，何況地球的災難還沒有結束，危機亦未解除，上述提及種種危機並非危言聳聽。在下永恆中，我們要把錯誤的相處模式修正過來。我們處於同舟共濟的狀態，共同面對地球未來的存亡。期許地球人用「愛與感恩、和平與尊重、善心善行」共同守護我們這個得來不易的地球。

To remind everyone: we are all, actually, in the same boat. Humans have always struggled to get along, always created opposition and struggle. Throughout the history of mankind, wars have continued endlessly. Even today, big countries suppress small countries or try to swallow them. Why does the big country not hold the position of a well-wisher and get along with other countries? Even with the most basic education, we still see this phenomenon of bullying. It makes one think: there are still many people who do not understand the concept of respect.

However, have we thought of the question: if the Earth really did cease to exist in a crisis, then, what exactly are we fighting with each other? Why not work towards cooperation, towards a common effort to improve? Earth's disasters are not over and the above-mentioned crises are not alarmist exaggerations. In the Lower Eternal Stratum, we should correct the wrong habits of not getting along. We are in the same boat and together we shall face Earth's future. Let Earthlings use love and peace to protect this hard-won Earth.

需傳達給地球人的幾個相關視頻

1.土壤的故事 The story of soil

此視頻重點：只要地球人真心希望地球好轉，終會有方法解決地球問題。

2.「地球」一直被保護著？NASA發現地球邊境佈滿這種神秘長矛

此影片隱含的真相：地球外的保護長矛是由宇宙高層下令設置，但其實為期只有一段時間，並非影片標題所謂的"一直"。而此訊息的用意在於：提醒地球人學習感恩，且期許地球人珍愛地球，體會地球處境，不要重蹈上永恆的覆轍，造惡太甚，而慘遭宇宙因果法則淘汰。

Related videos that need to be delivered to Earthlings

1.The story of soil

The key point of this video: if Humanity really hopes the Earth to become better, there will be a solution eventually.

https://www.youtube.com/watch?v=ZUpNDIFmKRk

2.Has the Earth been always protected? NASA found mysterious spears bestrewn on the border of the Earth.

The hidden truth behind this video: the spears protecting the Earth were set by orders of the masters of the universe, but the duration is only for a period of time, not "always" as the video title. The purpose of the video is to remind people on Earth to appreciate, expecting them to cherish the planet and not make the same mistakes of the Upper Eternal Stratum. Creating too much evil and be eliminated by the causal laws of the universe.

https://www.youtube.com/watch?v=aMt3LnLujLw

3.改朝換代後的極光影片

此視頻用意在：讓大家欣賞「改朝換代後的極光」，有助進一步認知「改朝換代前後極光的不同」。

4.〔veluriyam light on earth〕下永恆運行系列：極光的祕密Aurora Secret——2017年改朝換代的宇宙實相

視頻重點：透過極光的祕密，向大家轉述「2017年全星際網路改朝換代的宇宙實相」。

以上各點的標題名稱即為視頻名稱，有興趣者請自行找來觀看。

3.The post-shift aurora video

The purpose of this video is to let everyone see the post-shift aurora, to know the difference better.

https://www.youtube.com/watch?v=z394pKOCmdc

4. 〔veluriyam light on earth〕Lower Eternal Stratum: Secret of Aurora--Dynastic Shift in the Metaphysical World in 2017

Video Topic: Through the secret of the Aurora, everyone will be told about the Dynastic Shift in the Metaphysical World in 2017.

https://www.youtube.com/watch?v=mKam9D2TLSw

The titles of each paragraph are similar to the videos'. Feel free to watch them.

第二章

認清自己　接軌下永恆

一、應覺醒的觀念1：我們都是地球人

有一個地方，我們已住了許久……許久……

可是我們卻很少真正愛護它

我們從它身上挖取許多資源

石油、煤礦、寶石……

卻把便溺和垃圾往它身上

一股腦兒地傾倒

它就是這個得來不易的星球——地球

當大家忙著把自己和他人分類

她是美國人

你是印度人

我是台灣人

誰是黑人白人黃種人

然後彼此對立與競爭

可是為什麼我們不覺醒一個事實？

我們都是地球人！

我們可以用和平取代戰爭

　　可以用尊重替換對立

　　可以用合作轉化競爭

當地球的朋友們有愈來愈多人

覺醒自己也是一名地球人

同樣具有守護地球的責任

這顆星球上的人、事與環境

將會因為這個覺醒而變得美好

請覺醒過來吧　地球上的朋友們

我們都是地球人

讓我們用善念以及利他的行動保護這個地球

二、我為何而活？

　　記不得是多久以前的事，那是還在道教當中行走的時候，一位對我有恩的太子童靈，透過乩身正在地上玩著人世間的玻璃彈珠，只見他開心地將彈珠往地上一顆一顆地擺放著。彈珠逐漸連成字：人—生—在—世。他以帶著孩童的奶音對我說：「『人生在世』，如果你能體會這四個字就很好了。」

　　雖然現在我對那些降乩之事的好奇心已漸淡泊，然而對太子相贈的「人生在世」這四個字，猶覺別有一番滋味，至今仍未能真正摸透箇中奧妙，其實這正是我經常問自己的問題：「我為何而活？」

　　「我為何而活？」相信有很多人不曾問過自己這個問題。我們泰半認為自己天經地義地出生人間，理所當然地過生活，但是我們卻鮮少問自己「為何而活」。當然，如果您能不需問自己這個問題，卻能過得很自在，那也無所謂。可偏偏我們經常煩惱紛飛，「自大」倒得滿滿一杯，離「自在」卻是遠遠不及。

　　在當兵期間，有一位學長與我閒聊，忘了起初是什麼話題，不過我卻與他談到了「人生的意義」。他若有所思地告訴我：「從來沒有想過人生的意義是什麼？」我想：處於這樣狀態的人大概比比皆是。

猶記求學階段，老師喜歡出個作文題目，叫作「我的志願」。大家總喜歡寫著：想要當科學家、當醫生、當老師、當總統……。從小，我們總被教育著：找個好工作、尋個好對象，好像如此就可以像童話故事裡一般，王子和公主過上幸福的日子。但現實生活中，卻往往事與願違，沒想到工作不好找，遑論是找個能讓自己做得開心的工作。好對象也不好尋，千尋萬尋，因為業力的關係，遇到真正好的對象（賢妻良母或新好男人類型的），卻不見得喜歡。往往不是愛到不該愛的人，就是偏偏去與冤親債主湊合一塊。

　　「人生」是什麼？「人生意義」又是什麼？關於此點國民教育中鮮少提及。至於宗教區塊，有些人雖然接觸宗教，想要找一條人生出路，但有時卻缺乏善因緣，不是遇到本身對道理不透徹的人，就是遇到邪師，要不就是遇到想從我們身上撈點好處的人。好不容易遇到善知識，但又往往因為自己智慧定力不足，我執我慢太重，對於善知識的勸言反倒經常置之不理。結果茫茫然然，關於「我為何而活／人生的意義是什麼？」還是未能徹底了悟。

　　不過請相信：那些都「只是過程」，只要有心去做，一定能碰觸到「人生在世」的意義。但前提是：不要尋死，不要自殺，英文有句激勵人的諺語：

While there's life, there's hope. 一息若存，希望不滅。

人身難得，

既然活著，就別讓自己白來一遭；

既然會死，就別讓自己死若鴻毛。

我們地球人之所以過得不幸福，往往都與我們錯誤的思想和觀念有關。本書將整理出一些「編者所見聞的善知識勸導之語」以及「實際上的事例」，希望對於您們在「體會人生意義，修正自身錯誤見解，貼近幸福人生」等方向有所助益。祝福地球朋友們都能找到內在之光（智慧），而能解脫生命中種種的無明煩惱。但願這個得來不易的星球正向永續經營，地球人能體會「彼此和平共處，互相尊重」的重要。

您是否曾想過自己此生的意義？

有時不妨讓心靈小憩一下

泡杯茶　拿杯咖啡

Take a deep breath.

靜靜地讓自己想想這個問題吧！

TEA TIME

三、未知生，焉知死；知將死，故知生

季路問事鬼神。子曰：「未能事人，焉能事鬼？」
曰：「敢問死。」曰：「未知生，焉知死？」

——《論語》先進第十一

這段文中，季路問孔夫子事奉鬼神的道理。孔夫子告訴他：「還不能盡到事奉人的本分，又怎麼能了解事奉鬼神的道理。」季路又問關於「死」的道理。夫子回答他：「還不知『生』的道理，又怎麼能知道『死』的道理？」

孔子這段話其中重點在於：「先把『人』的本分做好。」

「人」是不好當的，從佛家輪迴轉世的觀點，要生而為人的機會，有如「盲龜遇浮木孔」，是很不容易的。這是釋迦牟尼佛對「人身難得」的一則譬喻，出自《雜阿含經》卷十五（四○六）。大意是說有一隻壽命很長的盲眼海龜，一百年才浮上海面一次。而海中有一塊漂浮木，這塊木頭被風吹動，一會兒東一會兒西，而且木頭上只有一個孔。這隻盲龜浮出海面且要剛好鑽過這塊漂流木上木孔的機會是很微小的，而「眾生要得生為人的機會」比「盲龜值浮木孔」還渺小。什麼緣故呢？

釋迦牟尼佛示知人身難得的原因：「彼諸眾生不行其義、不行法、不行善、不行真實，展轉殺害，強者陵弱，造無量惡故。」（為什麼要生而為人不容易呢？因為那些還流浪生死的眾生，做事不順義理，不依正法，未能起用善心、行作善行，不能用真心應世，在輪迴轉世中互相殺害，恃強欺弱，造了難以估量之惡業的緣故。）

從「做人本分」的角度，則為《佛說天地八陽神咒經》所云：「左ノ為真，右乀為正，常行正真。故名為人。」換言之，生而為人之後，要把「人」的本分當好，得具備「真」與「正」的特質，我們自己可以捫心自問，看看自己是不是符合這個特質與標準。我想我們地球人很多都不符合這個標準。（右「乀」為止，音同福，在此即指「人」字右方這一捺。）

若從這兩個角度來說，「人」這個身分未必是那麼好當的。世間人談到「自我實現」，有時誤以為「找個合適的工作或做點喜歡的事」就是自我實現。說實話，離上頭這個「常行正真，故名為人」的標準差距頗遠。

回到孔子告訴我們的「未知生，焉知死」我們進一步問：那要如何把「人」當好呢？在這前提下，就突顯出「知將死，故知生」的重要。為什麼呢？因為當我們認知到「人生無常，生命就在呼吸之間」後，才更有機會朝著「發掘人生意義」努力。

大部分地球人有兩大問題點：第一，警覺性不夠，未能常察覺自己「隨時可能會死」。第二，誤以為一死百了，覺得人死了就什麼都沒有了，或者，誤以為死後若轉世還是能當人，而不知輪迴的真相。

　　關於第一個問題點，我們能以「知將死，故知生」的觀念加以對治。而這正是「無常」的道理。事實上，在死亡面前人人平等，死亡真的可能隨時到來，所以世俗有句話說：「死亡並非老年人的專利」。在認知到「將死──生命無常」的情況下，人們基本上有兩種反應：一是積極把握當下人生，二是因找不到人生意義而過得蒼白無力。有些因憂鬱而受苦的人們，或者部分過得蒼白虛無的存在主義者，其成因之一即為「找不到人生意義──不知我為何而活」。

　　然而，積極把握當下人生，又分為「向上提升自己，利益他人」與「及時行樂」兩種，兩者在於方向性的不同。前者以「利他」為出發點，希望能善用有限的生命去幫助他人與自己；後者則以「利己」為出發點，而難以逃離物質追求與欲望泥淖的困境之中。

　　我們若能提醒自己「知將死──生命只在呼吸之間，死亡其實如影隨行」，那我們比較容易去達成孔夫子所說的「知生」，也就是「此生的自我實現」。說的白話一點，就是「知道我們要如何把這輩子過好」或者「發現我此生的意義何在，明瞭我為何而活」。

若能認知到「人生的意義何在」，這對於「把人生過好」是有幫助的。我們為什麼來到這個世上？我們為什麼活著？體認到這些道理之後，「人生」才會容易產生一個正確的方向性。否則，就會像絕大多數人一樣，渴望得到幸福美滿的人生，可是卻往往做出讓自己不幸的事情。或者被日子和工作行程推著走，一天復一天，每天在過生活，卻始終不知什麼是「生活」。何以如此？除了「不知人生意義」的因素之外，另外一大原因就是我們「既未知生，又不知將死」——不知道怎麼樣把人生過好，又未能時常警覺死亡隨時來臨。

　　如果我們能抱持著「知將死」的態度，我們會做些迎接它的準備。就像面對一位「與我們有約，但不知何時來訪的重要客人」，我們也會事先做好接待他的準備。「死亡」就像是這位訪客一樣，我們得先做好事先的準備。

　　既然「死亡」如此重要又隨時可能來訪，那為什麼我們平常不知道要做好準備的工作呢？我們若能察覺到它的重要，又體會到它可能隨時到來，那我們就能「故知生」——知道怎麼樣做好迎接它的準備，知道此生什麼對我們是最重要的事。如此一來，我們才真正能朝向「自我實現」而努力，才能有個有待努力的正確方向與目標。否則，我們努力的方向錯了都未能察覺，譬如一直想賺更多的錢，然後呢？死後，一毛錢也帶不走。

如果我們沒有辦法真正了解到「什麼是我們此生最重要的事」，那我們很容易就迷失在人生的各種境遇與追求當中。

所以，「未知生，焉知死」這是提醒我們：要體會人生在世的意義，把「人」當好。而「知將死，故知生」則是提醒我們：死亡是一位與我們有約而隨時將到的重要訪客，我們要在它來臨之前，做好迎接它的準備。我們若能「知將死」——察覺到它的重要性以及隨時來訪的狀況，那就比較容易「知生」———知道我們此生要如何過，對於人事物要如何面對與取捨。

正如善知識KZ提醒我的：「不要白來走一遭。」

像孔子說的「朝聞道，夕死可矣」；佛家中所謂的「所作皆辦」，這都是人生中很美的狀態。這種狀態意謂著「此生已然了無遺憾」，象徵著：「此生的自我實現已經完成」；「這輩子沒有白活」；「這次轉世的工作已經圓滿」。不論是用以上任何一個形容字句來說明，這都是很美的狀態。

這種狀態是：活的時候，過好每一個當下；一旦面臨死亡，縱然隨時要離開人世也都能毫無罣礙。而這取決於「所作皆辦」，也就是說這輩子該完成的功課都圓滿了。但若是平常不去認識自己「人生在世為何而來」，那要如何達到「所作皆辦」呢？很容易就迷失在

世間種種的「場景」之中。

我們來看最近一則圓滿人生的例子，2017年11月27日夢參老和尚圓寂。據說那個下午他到外頭轉了一圈，回去後說：「行了，**圓滿了，圓滿了，任務完成了。**」坐在那就圓寂了，多麼自在灑脫。

夢參老和尚年輕時蒙冤入獄及勞改共三十三年，其中夢老經常觀想一句偈頌「假使熱鐵輪，在汝頂上旋，終不以此苦，退失菩提心。」平反後不但志向未失，反而希望以未來三十三年的時間補足這段失落的歲月。其後開講《大方廣佛華嚴經》、《楞嚴經》，以及《占察善惡業報經》、《大乘大集地藏十輪經》、《地藏經》等人乘經論。他老人家即為我們示現「所作皆辦」的風範道骨。所以這句「行了，**圓滿了，圓滿了，任務完成了。**」也不是簡單的，老和尚勤勤懇懇地付出才有這個成果。

當然，每個人各有其要圓滿的課題，老和尚有老和尚的功課，我們有我們的。找出自己要圓滿的功課，然後腳踏實地付諸實踐，完成它，讓自己不枉此生。

附帶一提，關於此書，雖說是責任，但由於自己經常沒做好，很多道理也還有待落實。因此，到底要不要進行整理編輯，編者猶豫不決了好多次。後來是因為慢慢體會到「隨時會死」的狀況，而「不想在自己要離

開這個人世時有所後悔」，故而開始進行編輯，其動力之一也是不想讓自己抱憾而逝。所以，整理出來後，一方面也是與大家分享，另一方面則是做為編者個人的自我提醒，如果您們認同書中所傳遞的觀點，也請一起努力。也歡迎將本書或書中訊息及觀念介紹給您的親友、同事……，或許也能協助他們打開一扇通往幸福人生之門。

生命無常，地球情勢亦是瞬息萬變，我們真的不知未來會如何，但我們地球人所能做的：就是往善的方向努力，共同守護這個星球。在此也祝福各位地球人能夠真正體認到人生的意義，而能不枉此生。

心空及第歸～

整理於2017年11月30日

定稿於2018年 2月19日

四、靈魂‧人身‧阿凡達

　　人，被否定時，心裡往往升起彆扭或不悅的感受。然而，否定自己有靈魂的人們或唯物論者，在徹底否定自己的靈魂存在後，為何如此地理所當然?!

　　在問了「我為何而活」，與了解「知將死」的人生處境後，這一個部分，要談到「靈魂」。在我們這人生當中，「靈魂」究竟扮演著什麼角色？人真的死了就一了百了嗎？這些問題，我們要釐清。

　　很多人對於「靈魂」抱持著質疑甚或是否定的態度，很可惜，這些人還未體認到自己的存在。「靈魂」是存在的，認為靈魂不存在，就跟認為空氣不存在是類似的思考模式。我很慶幸自己是「體認到有靈魂的這一群人」。為什麼呢？因為否定靈魂的存在，其實是徹底地否定自己。就如引言所說的，人被否定，可能會不悅，但不相信有靈魂存在的人，把自己否定地那麼毫不留情，卻沒有感到絲毫不妥，這真是件奇詭的事。

　　我們其實可以用很理性的態度去理解「靈魂的存在」。靈魂不是那麼玄祕，彷彿談到它就要聯想到「靈異事件、鬼或幽靈」。每個人都有靈魂，這一點兒也不神祕，覺得它神祕是因為我們不了解，對宇宙人生的真相缺乏正確的認知。但是一直以來，因為科學對於「靈

魂」很難加以證實，所以「靈魂‧靈性」往往被蒙上一層神祕面紗。（關於「靈魂‧靈性」的不同，後頭會說明。）

至今，還是很多地球人尚未體會到「靈魂與人身的關聯」，甚至否認靈魂的存在，如此也就不易覺醒到「生而為人」的真正意義了。所以，我們有必要了解到「身體」與「靈魂」的關係，在此可以借用2009年的電影《阿凡達Avatar》來說明。

電影中，阿凡達有著潘朵拉星球上居民——納美人的型態。劇情裡透過科技將一位美國軍人傑克的意識轉移到阿凡達身上，藉以讓阿凡達能夠活動。這裡並不打算討論其中的劇情，也不贊同科學家去做那種事，只是藉由《阿凡達》這個例子，幫助我們了解「靈魂與人身的關聯」。阿凡達，就相當於人的身體，是什麼驅使他活動，是靈魂／靈識。我們這個人身乃至其他動物的身體都是一種載具，就像阿凡達一般的載具，唯有靈魂／靈識投入其中，才能使這個載具活動起來。然而我們一直抱持著錯誤的見解，一直誤以為這個身體（載體）是「我」。

然而實情是：靈魂才是主體。這就好像一個人坐上汽車駕駛座，但卻誤把車子當成主體，這是見解上的錯誤。實際上這輛車是載具，這個人才是主體。「靈魂」與「身體」的關係也是如此，這個主體與載體的關係要

駕駛：主體—靈魂
汽車：載體—人身（阿凡達）

認識清楚。

至於「生命的意義」，如果不從靈性的角度去理解，則不容易體會到它的真正意義。所以，既然靈魂是主體，身體是靈魂的載具，那這裡要回頭反觀的是：「靈魂究竟為何而來」？換個方式問，大家可能會熟悉一些，那就是「我們的人生意義是什麼」？所以，我們可以發現：「人生意義是什麼」其實與「靈魂為何而來」有著密切的關聯性。

靈魂是為了「學習與提升而來」，同時，也是為了「返家」而來──返回清淨的自性，昇華／進化／回歸為「純淨的靈性、自性」。而「昇華／進化／回歸」這些看似不同的詞彙，其實所指向的都是同一件事，即

「返回到那個最原本的狀態」。在此羅列這幾種不同的詞彙，只是希望讀者不被這些詞語給綑綁。

我們了解到許多地球人都「迷失了」，因為，許多人忘記靈魂的存在，也忘記「自己的內在靈魂是為了學習與提升而來」。很多人被稠密的物質世界給綑綁，我們不斷地追逐物質世界的種種，以及它們帶給我們的感受，譬如色、聲、香、味、觸……。在不斷「變換‧幻變」的外在情境以及內在感受中，我們鮮少有人會想起自己來到這個地球的真正課題；也鮮少會想到這個身體是我們靈魂藉之學習的載具。雖說是載具，但不代表不需珍惜，因為有很多靈魂想要有「人」這個身體載具而不可得。

而「相信／記得自己的靈魂存在」，這只不過是覺醒的第一步，然而這第一步卻是許許多多人到目前為止所跨越不過的。或者跨到神祕學或靈異事件的領域去，弄得好似神神祕祕地，這也沒有必要。其實，如前所說，每個人都有靈魂，這沒有什麼神祕之處，我們覺得神祕，只是我們不理解，只是目前世間主流的價值觀未能認同。

至於在跨出這覺醒的第一步後，要如何讓自己的靈魂提昇／進化／回歸到原本清淨的狀態，這才是重點。而這個落實的方法與要領即是善知識KZ所開示的「落實心性」。

★ 何謂落實心性？就是知行合一。

　　編者所期見的，亦是地球朋友們都能了解「何謂修行」以及「什麼是人生的意義／我們所為何來」，而這些與「宗教」沒有絕對的關係。譬如釋迦牟尼佛宣講宇宙人生的真相，但他沒有說自己創了一個名為佛教的教派。「宗教」是人分類出來的，編者個人雖然曾遊走於道教，而後亦在佛教當中學習，但不論是道教或佛教，我總不習慣把自己冠上「宗教人士」這個名詞。因為我現在就是一名地球人，只是我這名地球人逐漸「體認」到世間有許多無可奈何之苦處，希望回歸到那清淨原本的狀態，如此而已。所以，期許其它地球朋友們也能「往覺悟宇宙人生的真理」而努力。

　　於此再次強調：「人體是靈魂行走於地上的載具，而靈魂才是主體」。體認到這點才容易開展我們人生的意義。而這份「體認」就是通往覺悟的「路徑」。前頭也提過了，有許多地球人連「自己的主體是靈魂」這份體認都不具備，更遑論要讓靈魂返家（讓靈魂昇華回歸清淨狀態——靈性、自性、真我）。所以「靈魂」與「靈性」的不同即在於：靈性，是覺悟後的靈魂。

Q.要如何對待「身體為載體，靈魂為主體的關係」？

A.奇妙的是：我們需要懂得珍惜人身，但同時要了解到它是一個載具。

　　「懂得珍惜人身」，才不會胡作非為，才能夠善用人身，去圓滿我們靈魂的課題。而「了解到人身是我們的靈魂載具」，才不致於本末倒置，才不會把內在靈魂棄之不顧，而只服膺於身體的「感受與需要」（或者稱之為伴隨身體而來的欲望）。

　　可惜的是，我們大部分的人都沒有做到上述兩者，我們經常既不知道珍惜人身，又不了解人身是個靈魂載體。因此，多數人沉溺迷惑於欲望、感官、享受當中，終其一生都未能憶起：「自己為何而生？靈魂因何功課投於人身？」結果往往空過一生。直至命終，靈魂又隨著自己所做之「善或惡的力量」，而轉生到相應的載具（或許仍是人身，也可能轉為畜生身），或者相應的空間裡（譬如地獄道）。

　　這就像我們走入一個迷宮，迷宮裡有美景，也有恐怖的場景，但不論是什麼景觀，卻遲遲未能走出迷宮。甚至走著走著，連「要找到一個出口，走出迷宮」的這份初心都給忘掉了。所以世間有個詞叫作「迷幻」，意即「迷於幻境」，這把絕大多數地球人、地球眾生現在的狀態都形容進去了。「輪迴」就像「人在迷宮」，身

在迷宮中，還記得要走出迷宮，這是覺悟。這份覺悟能促使我們脫離迷宮，但此時還是處於迷宮常中，亦即還未脫離險境。靈魂要覺悟也不是件容易的事，因為我們太過剛強，不夠謙遜柔和，不夠真誠地對待自己，所以不容易看清自己盲點，遑論進而調整它。然而，既然知道覺悟是我們共同的課題，接下來如何去圓滿它，就需要各自努力了。

「走出迷宮」這隱喻「圓滿了這一階段的覺悟」，而徹底覺悟之後的靈魂，名為靈性、自性、佛性、法性，這正是我們靈魂投生世間的功課。而「覺悟」的基本要件之一，即是「認清自己，進而修正。」

五、靈魂轉生輪迴的幾個現代證據

對自己所不知的事情進行言語嘲諷，只是突顯自己的傲慢與無知。

關於「靈魂」以及「靈魂是主體，身體是載體」已於前文提及。在這章節要談的是「靈魂的輪迴」。

現代人什麼事都要求拿出證據或證明，這個方式有其優缺。有些事情需要證明，譬如去公家機關申辦的流程中，會請我們出示證件，作為認證，這有其必要，因為避免冒名頂替的事件發生。而科學實證中，若有現實上的證據，則其信度會增加。然而，有些事無需證明，譬如吃飯會飽，這無需特別加以證明。

至於，「靈魂是否存在」以及「靈魂是否有輪迴」這類的事情，說實在話，是不易證明的，但其實也無需證明。為什麼不易證明？因為現今的科學仍是以物質為研究基礎，靈魂並非隸屬於三維物質世界，那要如何用物質驗證的角度去檢驗它。「輪迴」是靈魂／靈識從這一個身體投生到另一個身體，而這個身體可能是人，可能是動物，可能是地獄道的身體。兩個不同的生物體，竟然能因為靈魂的轉世做為連結，這更是許多科學家、生物學家，乃至當前許多地球人所難以理解的。關於地

獄道，地球上的科學至今亦無法驗證。然而，若是未能證明，便視之為不存在，這並非科學與實證精神。

在這個宇宙中，我們必須承認「有許多我們不了解的事件」，還有「許多我們人類以為了解並給予詮釋，但其實不然的事件」。就像極光，自然科學家嘗試給予解釋，但那些詮釋是否能真正彰顯極光的意義，還是只是人為的想像？然而，提出這樣的問題與省思彷彿在挑戰科學家的權威，雖然編者只是想了解事實的真相而無意去挑戰他們。可預想的是，本書第一章所轉述的極光內在涵義，在大氣科學家眼裡大概是難以置信的吧。會不會「既定的詮釋或主流價值觀」有時反而成為阻礙我們理解真相的一種「成見」呢？而「靈魂輪迴」的證明問題亦是如此，我們不能因為各個主流學科尚未證實或難以證明，便輕易否決「靈魂輪迴」的事實。

其實有關輪迴的事例，釋迦牟尼佛已經開示了許多，自古至今也有許多例子，只是多數人們不能相信罷了。因而，在此收集一些與輪迴有關的現代證據，希望讓「還不了解自身主體是靈魂的地球朋友們」對於「靈魂的存在」多一點信心。

在這之前，要先傳遞一個觀念，就是「惡意批評無濟於事」。底下的例子當中有一個是火星男孩波力斯卡（Boriska），這個例子比較特別。特別之處在於波力斯卡是從火星來地球轉世的，這與長期以來只在地球轉世

的靈魂很不相同。但是不能因為不相同，或者我們不了解，就對這個人或這件事惡意批評。網路上有一些有關波力斯卡的短片，稍微看了相關留言後，發現其中不乏用惡意進行評論者。其實我們發表意見不需要那般尖酸刻薄、不厚道。言論自由，並不代表我們可以進行言語霸凌。

有些訊息其實人們不容易判斷真偽，我們可以選擇不相信，因為相不相信是個人的事，但心存惡意，第一個傷害到的絕對是自己。因為惡意出現的當下，正在為自己的識因中種下一個負面的種籽。因此，還是請大家多以理性、尊重的態度看待我們所不知的事物。

關於靈魂與輪迴，索甲仁波切的這個建議很值得我們參考，他說：「我建議如果你確實想要瞭解輪迴的真相，就應該以開放的心態來探討這個問題，但要盡可能嚴謹地分辨清楚。」（索甲仁波切著，鄭振煌譯：《西藏生死書》，台北：張老師文化，1996年版，頁116。）

編者「對於『未知』的面對方式」也提供給您們參考。當遇到未知事物時，以往有種「很想了解事情真相，但想破頭也想不出個所以然」的感覺。後來學到了一個方法，就是先理解該訊息的重點就好，又或者暫且擱置甚或放下。

譬如本書序文和第一章，假設我是一名對「下永

恆」完全沒有概念的人。當看到這個訊息，又無法判斷訊息真偽時，我可能會看看這個訊息的重點。像第一章，重點就是希望人們體會到「一個以德性為本，有機會讓自我揚升的嶄新紀元已經來臨」。而我只要體認到這則訊息的重點是：「把握提升自己的機會，朝向修養德性的方向努力，腳踏實地修改自己的缺點。」這樣就好。在難以判定訊息真偽的前提下，我採取這個方式，這種方式不容易陷入「這是真的，或是假的」之煩惱當中；也比較不會武斷地胡亂評議。這個方式對編者個人還滿合用，提供給您們參考。

又譬如底下有個關於「坪陽再生人」的現代案例，其中有種說法：「認為靈魂有所謂主魂和副魂」，這有點類似道家三魂的觀點。然而對這個部分，我並不了解，且無法證實其說詞真偽。在此情況下，我只要認知到一件事：「現代有一個地區叫作坪陽，這個地方有許多『再生人』，他們還記得過去生的記憶，而這個鄉村為我們展示著輪迴的真實性」，這樣即可。

當然如果能力和智慧足以辨別訊息真偽，這當然是最佳選擇。但若在無法判定訊息真偽時，不妨參考看看「把訊息擱置、放下」或者「了解訊息重點」這兩種方式。因為現今社會乃至網路資訊五花八門，相當繁複，我們要小心不要葬身於這些資訊當中。學會過濾掉無益的資訊，也是現代人很重要的一門功課。

接著我們要進入本篇的主軸，在這個部分會列舉一些關於「輪迴」的現代案例，希望對於讀者在理解「靈魂與轉生」這個現象上有所助益。

幾則關於靈魂輪迴轉生的現代案例

底下我們來看看幾個關於輪迴的現代證據：

（一）熟悉古城佩特拉（Petra）的亞瑟‧福樓多（Authur Flowerdew）

福樓多是一名英國老人，從12歲開始便出現一個很鮮明的心像——腦際中浮現一個被沙漠圍繞的城市。隨著年紀增長，這個心像不但未因此模糊，反而愈益清晰——他「看見」那個城市中更多的建築、道路、人物。

在他晚年，偶然看到一支電視紀錄片，內容有關約旦的佩特拉古城。他很訝異：這竟然與他多年來的心像相符，他也因此上了英國廣播公司的訪談節目。此事引起約旦政府注意，便將他與該廣播公司的一名節目製作人接到約旦，想拍攝他對佩特拉的反應。啟程前，一位研究佩特拉的學者對福樓多進行訪談，他不知道為什麼這名英國老人會對古城有精確的認識，甚至有些是專精此領域的考古學家才會知道的內容。

到了佩特拉古城，其中有座「學者專家認識但不清楚其用途的奇特建築物」，福樓多竟從容地解說這建築物的用途，原來那是一座二千多年前他當兵時的哨兵房。進城後，他未看地圖，便直接走到哨兵房，並表演古時哨兵進入時的特殊報到方式。

一同前往的考古專家對此表示：「他對於細節說明得很清楚，很多都與考古和史實非常吻合，如果說他要從記憶中編造一套故事，那是需要相當大的心思的。我不認為他是一個騙子。我不認為他有能力設下如此大規模的騙局。」

此則案例請參考《西藏生死書》（版本如前標註，頁116-118）。

（二）湖南侗族自治縣坪陽鄉發現一百多位「再生人」

這是2012年11月21日的一篇網路文章，篇名為〈湖南發現100多人輪迴轉世：尋訪通道侗族自治縣坪陽鄉「再生人」〉[1]，刊登於地藏緣論壇。該文指出：根據懷化新聞網（懷化新聞網）2011年11月5日的報導，該網記者對湖南侗族自治縣坪陽鄉的「再生人」現象進行實地

1　該網址於2018年6月校稿時發現已無法連結，故不列上。

探訪[2]。

此處所謂的「再生人」亦即靈魂經過輪迴轉世後還擁有過去世記憶的人。值得注意的現象是：當時的坪陽鄉人口有7800多人，然而再生人的案例高達一百多個，並非單一個案。這對現代人而言，是個滿有趣的現象，彷彿要向不相信有靈魂的世間人證明靈魂轉世的存在。

在此揀取其中一則有關「前世白豬，可聽懂人語，今生轉世為人，而讓屠夫放下屠刀不再殺豬」的案例做說明。

概述這則案例如下：坪陽鄉的譜頭寨有位吳姓男孩，他與容姓屠夫住在同一村莊。在這名男孩一歲多時，家人帶他到村裡遊玩，奇怪的是：男童每次見到這名容姓屠夫時，總是拚命哭喊與掙扎，家人也不知何以如此。當吳姓男童兩三歲時，對於容姓屠夫更是害怕，只要在村裡一碰見，男孩便會飛奔回家，次次如此。

長期下來，村裡人覺得事有蹊蹺，便問小男孩原

2　編者試圖搜索該文提到之「懷化新聞網2011年11月5日的報導」，未獲。然而，找到一篇由毛尚文在其部落格發布的〈再生人——世界第八大未解之謎〉，此文附有相關圖文，並提到：「2012年國慶期間，本人和幾個朋友一起對湖南省通道侗族自治縣坪陽鄉的『再生人』現象進行了實地探祕。」亦提及「懷化新聞網記者蔣娜、王云康、通訊員吳祥淼2011年11月5日對通道再生人」的相關報導，提供讀者用以參照。網址http://blog.voc.com.cn/blog_showone_type_blog_id_788034_p_1.html

因。豈知男孩說出原委後，讓村裡人感到不可思議，這件事便逐漸傳開。男孩說他前世是外祖父家中畜養的一頭白豬。某日容姓屠夫前來買豬，說也奇怪，這頭白豬竟知屠夫來意，便往外奔逃，不料跑到後山，還是被屠夫給抓住。湖南記者找到了吳姓男孩的母親陸居桃，並做了簡短的採訪。

記者：「他是什麼時候講前世的事情的？」

陸居桃：「他一歲多。」

記者：「剛開始說話的時候？」

陸居桃：「剛開始說點點話的時候。」

記者：「他怎麼說？」

陸居桃：「他講他是豬。人家在外面摘豬菜，他就說你不要拿這種菜，這種菜不好吃，人家問他，他就說他是白豬。」

從這則案例，我們可以了解：靈魂的輪迴轉世是跨越人與畜生道的。

後來這些實訪紀錄由李常珍編輯成《坪陽再生人——中國侗族100個轉世投胎案例實訪記錄》一書，2018年1月由稻田出版。這本書有趣的地方有兩個：1.該書著者李常珍具有律師資格，是名知識分子。2.李常珍先生整理出這些再生人的相關照片，再與訪談紀錄搭配參照，

100則轉世輪迴的例證彷彿活靈活現地呈顯在讀者面前。該書類型屬於田野調察之訪談紀錄，內容較具當地民俗色彩。雖未能提及超越輪迴的方法，但是對於「尚未相信靈魂輪迴現象的現代人」而言，在提供「輪迴轉生案例」這一方面是有助益的。

以往，輪迴總是讓人感到相當可怖，但是換個角度想，輪迴未嘗不是給我們一次又一次「發現錯誤—改過—修正—進化」的機會。只是我們常常沒有體會到「輪迴所具備的正面意義」，而錯過了一次又一次自我修正、提升的契機。

（三）一名美國飛行員轉世的真實案例

美國路易斯安那州的一對夫妻布魯斯（Bruce）及安德烈・萊寧傑（Andrea Leininger）根據其兒子的經歷，於2010年6月11日出版了一本名為《Soul Survivor：The Reincarnation of a World War II Fighter Pilot》的書，該書已有中文版，譯為《靈魂轉生：一位二戰飛行員的前世今生》，該書受到美國CNN等多家媒體關注。書中描述這對夫妻幾年來不遺餘力，逐一查證後，最終確認自己的獨子詹姆斯・萊寧傑（James Leininger）是由一位在二戰中殉職的美軍飛行員投胎轉世。此則有關轉世輪迴的案例，於2014年8月8日刊登於大紀元網，文章篇名為〈一

個美軍飛行員輪迴轉世的真實故事〉[3]。

以下簡述此案例概要。

1999年，一名喚作詹姆斯・萊寧傑（James Leininger）的男孩誕生於美國路易斯安那州。詹姆斯（今生）的父母布魯斯和安德烈均受過現代人所謂的高等教育，與許多地球人一樣，當時的他們不相信有靈魂輪迴轉世。然而，他們的兒子詹姆斯彷彿上天賜予這對夫妻的厚禮，讓他們倆人親自見證靈魂輪迴轉世的實例。

詹姆斯在很小的時候便對飛機展現濃厚興趣。然而，喜愛飛機的他卻在兩歲時經常做著飛機失事的惡夢。安德烈的母親認為小詹姆斯是在回憶他的前世，起初安德烈對此半信半疑。但是，隨著愈來愈多奇特的事件發生，安德烈逐漸相信母親的觀點。

譬如詹姆斯三歲時，有一次走到一架飛機旁，並有板有眼地比劃著，儼然一位飛行員正做著航前檢查。另一次，安德烈買了一架模型飛機給小詹姆斯，並告訴他飛機底下有個像炸彈的東西。詹姆斯告訴她：那不是炸彈，而是副油箱。安德烈從沒聽說什麼叫作副油箱，不知小詹姆斯從何得知。

3　〈一個美軍飛行員輪迴轉世的真實故事〉，大紀元網，2014年8月8日，網址如下：http://www.epochtimes.com/b5/14/8/8/n4219923.htm。

然而小詹姆斯的惡夢愈益頻繁。安德烈接受母親的建議，尋求治療師卡羅爾·鮑曼（Carol Bowman）的幫助。鮑曼是研究輪迴轉生方面的專家，詹姆斯在鮑曼的協助下，逐漸向人分享他過去生參加二戰時的經驗。透過分享前世的經驗，詹姆斯的惡夢也逐漸減少。

　　在小詹姆斯的分享內容中，包括他（過去生）飛機起降的航空母艦叫作納托馬（Natoma），還有當時和他執行任務的另外一名飛行員的名字——傑克·拉爾森（Jack Larson）。小詹姆斯的父親布魯斯經過查證，發現二戰時美軍有一艘航空母艦的確名為Natoma，而Jack Larson為二戰時期美軍飛行員。布魯斯進行查證時，Jack Larson還健康地生活在美國阿肯色州。此讓布魯斯感到相當驚訝，並認為自己的觀念因此進行了一次脫胎換骨的改變——從一個不相信靈魂轉世的人，蛻變成一個開始相信有靈魂轉世的人。

　　布魯斯因此對於驗證小詹姆斯輪迴轉世這件事益發感到興趣。開始蒐集整理相關資料以及可查閱到的軍事紀錄，也親自到各地去探訪一些相關人士，譬如曾經參加二戰的老兵及當事人。由於小詹姆斯曾告訴布魯斯：自己是在硫磺島上空被擊落的。在那次任務當中只有一名飛行員殉職，該名飛行員的名字是——詹姆斯·休斯頓（James M. Huston Jr.）。在採訪到的老兵中，有一名為Ralph Clarbour，當時曾擔任Corsair戰鬥機的後座槍炮手。據

Clarbour回憶：1945年3月3日硫磺島的突襲任務中，詹姆斯・休斯頓的戰鬥機恰巧與自己的飛機併肩飛行，他當時親眼看到一枚防空炮彈不偏不倚地擊中休斯頓所駕駛的戰鬥機。

布魯斯說，這一切使他確信兒子詹姆斯・萊寧傑的確就是詹姆斯・休斯頓的轉生。

（四）火星男孩波力斯卡（Boriska）

關於波力斯卡，這更是屬於轉世的特殊實例。以往多數為人所知的轉世案例都發生在地球上，而波力斯卡則是從火星轉生至地球。他的言論引起科學家與人文學界以及一些神學家的關注，當然世人對此也有正面與負面的評議。

關於波力斯卡，約莫在2017年下半年，有人傳了他的相關訊息給我，當時我很粗略地瀏覽過，並未深入了解。只知道俄羅斯有位火星男孩名為波力斯卡，擁有超乎地球人的宇宙知識，並做了一些預言。直至整理這份文件時，我才更為詳細地看了有關波力斯卡的資料。其中有一段談話引起我的注意，因為這與我所聽聞得知的訊息，相當貼合。

媒體代表科學界質疑波力斯卡：「你有什麼證據或者說有什麼理由說明你所說的是正確的事實？」

波力斯卡說：「這正是人類的愚昧，總是認為看到的才是真理，而看不到的全是謊言。當地球上的一切災難發生前，你們並不相信它會發生，但它的確是發生了，這些之前人類看不到的東西都成了真理，你們總是自作聰明。其實，我們（神國）一直在關注著你們，我們透過地球上的通靈者給你們帶來信息──其中許多都是我們帶給你們的禮物。這禮物包括愛，其中亦有很多知識，像麥田怪圈，99％都是我們留下的，那裡面有很多高深的知識，一些高智商的人將會破譯它們。然而，你們當中一些人卻無視我們的存在，還認為那些研究我們的人有病。你們並不知道，並未能深刻理解到愛的偉大意義。你們物質文明上（比起以往）似乎上是前所未有的發展了，但是你們忽略你們的精神文明。如此下去，你們的文明將會毀滅。」

這段談話，把我想轉述傳達給各位的訊息多半囊括其中。從2011年以來直至2017，地球經歷許多次存亡危機，這些都是絕大多數的地球人未能認知到的。

為什麼本書第一章提的是「2017年全星際網路已改朝換代，下永恆已經來臨」，這是宇宙高層的美意，希望地球人在心靈上能夠更新與揚昇。多數地球人長期以來一直在物質生活上鑽研，較不注重心靈的成長，甚至忽視地球種種危機。在了解到2011年直至2017年地球危機後，發現我們地球人對於「宇宙真實樣貌的了解程

度」相當有限。

2012年的世界末日危機是真的，其後還有2016年的X行星事件與太陽的能源不足事件等等……。感恩高層慈悲告知，讓我得知這些事件屬實，並非危言聳聽。然而當2012年過去，我聽到周遭的人偶爾談起2012世界末日，他們認為：「哪裡有什麼世界末日，還不是好好的。」他們不知道，「還不是好好的」這句話的背後，有人為了搭救地球人吃了多少苦頭，那不是我們能夠想像的。

直到2018年2月14日，周遭朋友不知何故又談起2012年世界末日。其中一位一如以往地仍抱持著否定的態度，這位朋友認為：「2012年還不是很平順地過了。」地球人有這樣想法及言論者應該不少。但若您們真正體會到近幾年來地球遭遇了哪些存亡危機，就會了解到實情並非從表象上所看到的那般平靜。

由於因緣聚會而得知些許的宇宙實相且轉述予大家知曉，現在這個地球實在得來不易，請大家好好珍惜地球，才能擁有美好的一切。而得以整理轉述這些訊息，編者不覺得自己厲害，反而更加體認自己要學習、修正的點真的太多。期許地球人共同努力維護地球，營造美好和諧的氣氛及優質的環境，讓它生生不息、生氣蓬勃、和平共處，而能契入愛的下永恆新紀元。

關於地球危機，就如同波力斯卡所提示的：「當地球上的一切災難發生前，你們並不相信它會發生，但它的確是發生了，這些之前人類看不到的東西都成了真理，你們總是自作聰明。」我現今完全認同波力斯卡的這段談話。波力斯卡修養很好，說的比較文雅，相當含蓄。編者較直接，就用白話一點來表達，相信大家一聽就懂了：我們地球人多半「不見棺材不掉淚」，好像非得地球滅了，才會相信這些地球危機真實存在。而面對「因果道理」不也是如此，大多數人缺乏認知或不願相信，但遇到惡報來臨時，卻躲避不及。

　　所以您再對照上述波力斯卡這段回應記者的話，就會知道這位火星男孩在表達什麼。本書的序和第一章當中，提及地球人的悲哀之一，即在於「對宇宙實相的認知極為有限，試圖以極為有限的知識詮釋宇宙實相（真相），然而卻與『實相』差距甚遠。」而更可惡的是「當有人來傳達宇宙實相給地球人知曉時，不是被認為有病，就是遭到謾罵甚或是迫害。」

　　關於「這些年來地球上所遭遇的種種危機」，很難期望所有地球人在短時間內能理解，但是期許「現在正在觀閱此書的你」能有所體會。有時想要傳遞相關訊息給周遭的人，卻要顧及人們的接受程度。曾遇過喜歡進行負面評議的人，對於脣槍舌戰沒有興趣的我，遇到這類習於負面批評的人乾脆選擇不提。就像有一些人看了

波力斯卡的相關視頻後，留了一些突顯自己無禮、無情的評議，那些言論對於我們這位火星來的朋友相當不友善。同樣身為地球人，我為地球人那些不負責任且惡意的言論感到慚愧，在此代替地球人向波力斯卡致歉。不過，也感恩這些人，讓我體會到：自己能得知這些宇宙實相是多麼難能可貴且值得珍惜的事。

關於上列四則有關靈魂輪迴轉世的現代案例，請您們「用開放的心胸，嚴謹的態度」來看待。

對於浩瀚廣闊的宇宙與天地，我們地球人還是多存一些敬意為好；對於好意前來傳遞宇宙真相的人們，我們還是多用點善意為好。就像耶穌前來傳遞真理，然而卻被地球人釘上十字架，只因為他影響了教廷當權者的利益。禪宗六祖慧能大師，一位開悟的聖者，只因衣缽，而被同門追殺。地球人「容不下別人比自己好」的奇異心態，是導致自己看不清真相，也是導致地球無法成長進化，反而屢屢招來災難的一大原因。

看到別人好就眼紅，只想著強大自己、打壓別人，只顧慮自己的私益，這樣下去，地球是很難好轉的。我們地球人如果不重新回頭檢視心態與發展方向，真的不要再期待會有人一直前來搭救我們。

以上簡單列舉四個現代有關靈魂輪迴轉世的實例。期許地球朋友們覺醒過來，相信你們之中有與我相約一

同前來的朋友，很期望能與這些朋友們一同完成我們該
完成的工作。

＊＊＊＊＊＊＊＊＊＊＊＊＊＊＊＊＊＊＊＊

不懂　為什麼傳遞真理的人　會被送上十字架

不懂　為什麼開悟的聖者　卻囚衣缽而被人追殺

不懂　為什麼希望世界充滿愛與和平的修行人

　　　走上流亡

這是個奇怪的世界

古老的事件　在時間洪流中　成了傳說

遙遠的傳說　在時間洪流中　變成神話

久遠的神話　在時間洪流中　發人疑竇

眾人的疑竇　不妨礙真實本身

也許　時間不是真正的問題

上一秒已成歷史

同一事件　在不同敘事者的眼裡

被編纂成不同的歷史

教科書裡記載著人們以為的真實

真正的事實　卻隱沒於眾說紛云的話語

但願

人們能明辨真偽　看見真實

六、「佛法不離世間法」的真正意涵

　　了解「身體」是靈魂行走於世的載具後，我們更能夠了解「佛法不離世間法」的真實意涵。

　　以往遇到一些人誤解「佛法不離世間法」的意思。譬如有的人講了一些不當的玩笑，然後用「佛法不離世間法」為自己的行為辯解。又譬如遇過有的人喜歡抽菸，然後卻對他人說「佛法不離世間法」，這真是大大的誤解。

　　我們靈魂來到世上，是為了學習與提升，而身體載具讓我們在地球活動，以進行我們的學習。所以，我們這個身體，乃至外在環境，都是我們進行體驗學習的「幻境」。為什麼說是「幻境」，因為不論是身體或外在環境，甚至是內在情緒，都非永恆。既然不是永恆的，因此這些就如同幻境一般。而在這些「情境」當中，我們選擇用什麼樣的心境去面對，這就是我們的共同課題。

　　如果以佛法而言，當我們遇到種種「境遇」時，

　　是不是能以佛法去面對；

　　是不是能練習讓己心不貪、不瞋、不痴、不傲慢；

是不是能練習發起善的念頭，替他人著想的念頭；

是不是能練習不執著、不起煩惱⋯⋯。

如果我們是以這種心態面對人生，那麼我們是在學習佛法，我們可以說這是「佛法不離世間法」，也可以說「我們還記得靈魂轉生之目的」。

所以，「佛法不離世間法」的真正意義在於：「在世間的種種活動當中、境緣裡頭，我們仍能不忘佛法」。也就是說我們是否能在種種世間法、境遇當中不迷失，仍然能依佛法、佛理而行；我們的心靈能否在種種境遇中，仍能保持平靜超脫。對於這點要能有清楚的認知，才不致於迷失回家路途而不自知，也才不會被不明理的人所欺矇。否則若美其名為「佛法不離世間法」，然而所行卻是一己之欲，所做多為迷惑顛倒，這多可惜。

這裡舉個例子會更容易明白，譬如同是柴米油鹽醬醋茶，同是人生，但我們在這人生當中，是選擇過得愈來愈淡泊，還是欲望無窮愈貪愈多。就像手機，有的人一隻手機就用了好久；但也有人每出新款式，就忍不住要再買下新款，以便跟得上「潮流（亂流）」。而其後者，跟「佛法不離世間法」真是一點也搆不上邊，反倒更像是「迷失於外境與內心貪欲」的靈魂。

如果我們抱持著「生活物品夠用就好，也不想追逐

流行新潮」的心態過活，生活將會過得輕鬆自在很多。因為，我們將不用一直去追逐金錢來滿足物欲或享受，也減少許多為了五斗米折腰的處境。這樣一來，心中的壓力自然會減少，由此可知「有求皆苦」這句話很有道理。如果心中一點「求」的念頭都沒有，我們有必要去向人逢迎拍馬嗎？沒必要。所以「事到無求心自安，人到無求品自高」，此話甚有道理。

有一次，人家請達賴喇嘛去逛百貨公司，他看了琳瑯滿目的商品後，說了一句挺有味道的話。他說：「我現在才知道，原來有這麼多我不需要的東西。」

宣化上人這句偈倒也很有意思：「一切是考驗，看爾怎麼辦？覿面若不識，須再從頭練。」

如果常常提醒自己：身體是靈魂的載具，我們只有使用權，沒有所有權。那我們就可以慢慢體會到：使用時間一到，連這個身體都要捨下，那我們又何苦汲汲營營於那些身外之物，或名聞利養、權利、欲望呢？但是我們人的習慣性（習氣）和業力重，很多時候，我們都迷失在這境緣當中，忘記周遭的人事物都是一種考驗——幫助我們成長、看破、放下的考驗。所以我們要經常提醒自己靈魂之所以轉生的目的，並且經常往善的方向努力、練習。

古時有位瑞巖彥和尚，他每日自喚主人公，復自應

諾。

乃云：「惺惺著！」（保持覺醒）

「喏。」（是）

「他時異日莫受人謾！」（哪天不要被人騙啦）

「喏！喏！」（是！是！）

　　這位彥禪師，每天這個自問自答的舉動就是在提醒自己：保持警覺，不要迷失。「莫受人謾」的這個「人」，可從兩個層面來詮釋。從表面上來解釋，可以指向「他人」，提醒自己不要被人愚弄欺騙，別人走錯路，我們不要跟上去。但另一層解釋，這個「人」其實指向自己的妄心，包括習氣以及欲望。您不覺得我們經常被自己的大腦意識所欺騙，而看不清事實的真相嗎？包括我們一直以為這個身體是「我」，殊不知身體是靈魂的載具，靈魂才是身體的主體。

　　了解「身體是靈魂的載具」，不是叫我們從此不珍惜身體，而是要提醒我們：人身得來不易，我們更要善用，不要白費了。就好像我們去挖礦，採掘到一顆寶石（人身），我們善用它，可以造福很多人，可以做很多利益他人的事。但若我們非得要用它來顧全自己享樂，甚至用它來危害別人，那麼，這顆寶石（人身）被我們採掘到，恐怕它也想哭泣吧。

而關於「佛法不離世間法」的真正涵義，用靈性的角度來說明，即是：希望我們的靈魂在這個世間幻境中能夠找出一個出口，而提升、進化、淨化、回歸到不垢不淨的本然狀態。所以，您要是理解上述內容，能夠將上述幾篇融會貫通，就會發現「靈魂為何而來」與「佛法不離世間法」其實是在說明同一件事，亦即希望透過這個世界（場景、幻境），而讓靈魂回歸靈性（自性、佛性）的狀態。

七、應覺醒的觀念2：
我們本來就什麼都沒有

曾經，以為我「擁有什麼」，當「以為那些是我所擁有者」消失、被撤銷、改變——不再是我所認識的那個模樣時，往往伴隨著的是「難以接受之感」，甚至忿忿不平。然而，我們本來就什麼都沒有。

一次，我難以接受失去「所有」時，友人M告訴我：「我們本來就什麼都沒有。」是的，我理智上也知道我們本來就什麼都沒有，但心理上卻過不去。因為，我執著且放不下了。直至最近，回想起當時「我們本來就什麼都沒有」這句話，才發現：它是一句有深度的話。由於自己先前朝著負面解讀，一直沒有發現它的正向意義，所以造成當時心理上難以接受的情緒。

果真如此：「我們本來就什麼都沒有。」

我對M說：「我到今日（2017年9月19日）才稍稍懂得這句話。」

M問：「怎麼說？」

「本來無一物，何處惹塵埃。」我想到六祖慧能大師的偈。

以前，我在面對「失去」的時候，感到難受與忿忿

不平。然而在一次次不斷向外追尋，心裡卻不斷失落的時刻，我很納悶：為什麼不論得到與否，我都感到一種莫名的失落。沒有得到時，失落；得到後，歡喜一小段時間後，還是失落。是不是我尋錯了方向？

好比之前我喜歡飾品或一些礦石，對我而言，它們不只是物件，而是具有某種意義的東西。它們所具備的意義，更甚於它們本身的價值。譬如喜歡的人送給我的東西，對我而言，它在世間價值觀裡，縱然金額不高也沒關係，不妨礙在我心目中的價值。又譬如有些礦石，據說具有「某種能量或功能」，而那是我性格上或心理上缺乏的，便會說服自己買下它。於是，便買了好些物品送給自己。

然而，每次得到那些物品之後不久，失落的感受便再次慢慢沁上心頭。就這樣，不斷重複著同樣的行為模式，但慢慢地發現那些物件並不能帶給我心裡上的安穩。

既然匱乏的是心理，那也很難從外在的人事物上獲得真正的滿足。是的，我尋錯了方向。善知識KZ曾對我說：「怎麼樣都覺得不滿足」。說得極為正確，善知識KZ點出了我的匱乏心理與衍生出來的貪婪，而這也是地球人類所共存的集體潛意識。我們絕大多數的地球人總是覺得：「怎麼樣都不夠」，所以不斷地發揮我們的貪婪。原來，「知足常樂」是如此地意味深長。

而這天，我想起了M說的那句話「我們本來就什麼都沒有。」

　　在遇到善知識KZ之前，若按照原先的因果走，我在生活上真的會什麼都沒有。因為按照原先的命運，我將淪為乞丐。某次，看到人家跟我分享的短片，它真實地發生在台北街頭，它是那樣地難以想像，卻又於現實發生。

　　短片的內容是：一位老婦人臥在台北火車站附近，正吃著便當，她是一名街友。為什麼臥著吃便當，發便當給她的人告訴我：「因為這位阿婆腰痛了好久，沒辦法坐。只要一轉身就痛。」為何難以想像，因為我心裡隱隱覺得：在台灣，物資這麼富裕的生活裡，不應該還有這樣貧困的人，然而卻發生在我們現實生活中。

　　我看到她，彷彿看到自己先前的命運，原來我真的極有可能淪落到「過向人乞討的生活」。先前還寫了一小段關於自己的命運，全文已忘了差不多，猶記第一句是「寒酸過街人喊打」。早年，當我知道自己失去某個位置時，心裡真的相當難堪與不悅。對於M勸導的「我們本來就什麼都沒有」根本聽不進去。心裡惦記的只是：為什麼我失去了位置？然後就是興起傷人的念頭。那段時間，過得相當悲催，除了要面臨失去位置的窘境，還得面對因起惡念而被惡靈利用的狀態。說到底，還是自己心性上有哪個地方出了問題。由此可見，「感

恩到底」與「凡事內省」是多麼重要的心法。

　　一路走來，一直坎坎坷坷，屢屢犯錯，有時都想：如果我能徹底消失就好了。不是自殺的那種，而是希望自己從來都沒有存在過。**險幸善知識鼓勵我們：「往好的地方想，才會往好的地方轉。」**還有感恩M等人的鼓舞，讓我每每在心裡悲催地快倒下去之際，興起**「再努力看看，再撐一下」**的念頭，讓我勉力走至今日。

　　慢慢地才發現：「對啊，我們本來就什麼都沒有。」

　　為什麼我在「失去」時會如此難過？因為「我」一直以為那些是我「所有（所擁有）」，所以「失去時」，會格外難受。然而，這竟只是一種妄念與幻覺。因為，「我」從來就不曾擁有過什麼，從來就沒有什麼是我所有（所擁有）。那麼，究竟我在追求什麼？那些失落與難受，又到底為了什麼？

　　六祖慧能大師的「本來無一物，何處惹塵埃」，對目前的我而言，還是高遠了許多，但也嘗試著體會它的意義。原來，「我們本來就什麼都沒有」，除了指出我原本淪為乞丐的命運之外，它還具備更深層的意義：我們「本來」就什麼都沒有。用比較多人理解的話語來說，就是「空手而來，空手而去」、「萬般帶不去，只有業隨身」、「萬法皆空，因果不空」。既然，本來就

什麼都沒有，那我們在爭什麼名、奪什麼利、惦記什麼權位？又或在執著什麼物品？放不下什麼感情？沒有一樣是我「所有」，難怪有人說：「我們沒有所有權，只有使用權（暫用權）。」

如果您回頭去對照〈靈魂‧人身‧阿凡達〉這篇文章，也許更能體會到：這個世界是我們靈魂藉之提升的「場景」。如果我們是一位演員，請問我們會對布景道具念念不忘嗎，我想不會。那何以我們對這個「本質為場景的世界」充滿貪戀與執著？

既然，不曾「所有」。

那麼，何曾「失去」？

原本我就什麼都不曾擁有，那還有什麼失去與否的問題。

如果能用心去體會「我們本來就什麼都沒有」這句話，不就往體會「夢幻泡影」與落實「無所求」又更進一步了嗎？然而，這些都不在文字的辨證，也不在大腦的認知，而必須發生於心靈的真實體會，才會有實質的效益。就像現在整理的這些文字，也只是處於知道階段而已。

如果只是聽聞或是認知到這些道理，而不去把它落實在心性中，那也彷彿不知道一般。就好像我們想學游泳，精心鑽研了一本游泳教學手冊，手要抬多少角度，

划的時候要用什麼姿態，腿要如何打水……。縱然這些我們全部記得，但若未真正下水去練習，還是不能稱之為「會游泳」。因此，有句話很實在，它說：「**做到，才是真的知道**」。

我也知道自己做的不好，本書這些觀念原本應該「做到之後再說」，但之所以提前把這些文字整理出來，只是期望人們至少有個可依循參考的方向，而且我不確定自己還能活多久。期許能有更多人覺醒，回歸到「落實心性」的路上，而不被虛妄的現象所迷惑。畢竟，我們已經迷惑太久、苦太久了，不是嗎？從這些苦痛與迷妄當中跳脫出來，豈不是很好！

為什麼我們會覺得自己失去，因為我們一直抱持著錯誤的見解在生活，就是我們誤以為自己能擁有什麼。所以，為什麼佛法中說「無所得」，本來就什麼都沒有，那我還想「得」什麼？沒有什麼可以得嘛！既然無可得，那又有何可貪？也沒有。

人類歷史為什麼長久以來經常戰爭不斷，為什麼大國要侵掠小國，家族成員會互爭財產權力，說到底還是一個「貪」。而更深層的原因就是：地球人都被自己大腦意識給矇騙了很久，「我們地球人常常誤以為自己能擁有什麼、占有什麼」，這就是地球人一直不能以「互相合作」取代「競爭／鬥爭／戰爭」的原因。「我們『本來』就什麼都沒有」，那我們還要爭什麼？這不就

往人類和平邁進了嗎？這樣的情況下，我們內在心靈趨向平和，外在世界也趨向祥和，這個世界不就逐漸成為一方「淨土」了嗎？！

　　人們多半希望過好日子、幸福的生活，那為什麼不努力讓地球成為一顆祥和之星、一方淨土呢?這才是真正讓「地球生靈幸福，地球得以永續經營」之道，而這也是地球人類集體潛意識中需要調整的一個區塊，所以不要再抱持著錯誤的潛意識過人生了，請覺醒過來。

自性真如本　　並無片刻離

覓之了不得　　捨妄則若即

名之神無妨　　又名為自性

痴人身外尋　　智者總淨心

心淨自見性　　何用多費心

八、福量來自你的心量，命運起於心的創造

　　與其說要「轉變命運、境遇」，更正確地說，真正要轉化的是「我們的心念、心量以及觀看的角度」。當我們能逐漸用「更合宜正確的視角」觀看人事物，我們就處於自我超越與揚昇的狀態。

　　雖然世間如夢幻泡影，了不可得，雖然我們本來就什麼都沒有。但是我們要認清一個事實，認清一項對我們人生而言最重要的事——即「落實心性」的重要，此即培養「德性（品德）」。很多人不了解「落實心性，拓展心量」的重要，在生活——這個看似真實的虛擬世界中，這是我們每一位地球人都要練習的項目。

　　本篇，我們要認知的觀念是：心量與福量的關係，以及「心念」對於「命運」起到什麼樣的作用。我們可透由「自身心量是否擴大，命運、境遇是否愈益好轉」，來驗證自己是否正逐漸圓滿自己人生的功課。

　　當然，此處命運境遇的好轉標準，並非物質的富裕與否，而是心境的提升與否。舉個簡單的例子，譬如我們遇到人家刻意刁難，這在世間的眼裡，是個不好的

境遇，但對修行（修正自我）而言，卻可視為一個練習「擴大心量，增加福量」的機會。同樣是被人刁難，面對此一境遇，其「好轉」與否的關鍵，在於我們用什麼心境面對。

有一次上台演奏，負責的人當場走過來，帶著一種不和善的語氣對我說：「大聲一點啦」。我心想：我是按照平時的音量，並未刻意小聲，而且可以不用以這種態度表達吧。事後幾次演奏時，總是想到那個人對我說的「大聲一點啦」，因此在演奏時多了一層心裡壓力，肢體更顯僵硬，這讓我困擾了一段時間。但我覺得「若跑去跟對方說：『你應該態度好一點』之類的話，這對修正自我沒有助益」。

後來嘗試轉換觀看角度，果真讓這起事件從心裡落幕。我告訴自己：「他要表達的真正意思其實是『要有自信一點喔』」，幾次進行自我提醒後，從此我上台時反而變得比以往更有自信。所以，**與其說要「轉變命運／境遇」，更正確地說，真正要轉化的是「我們的心念、心量以及觀看的角度」。當我們能逐漸用「更合宜正確的視角」觀看人事物，我們就處於自我超越與揚昇的狀態。**

底下，我們進一步探討「福量來自你的心量，命運起於心的創造」之意涵。

＊＊＊＊＊＊＊＊＊＊＊＊＊＊＊＊＊＊＊＊＊＊

　　在這個地球上，大部分世間人都喜歡福報，於是用各種方式想要求福。在一般人的印象中，可能是去向人們所謂的「神靈」祈求，或者東方人喜歡算命，講究看風水地理；西洋人喜歡算塔羅或看星座運勢。然而，這些都不是究竟的辦法，很多人不了解：**「命運」的根本在於「心的創造」**。所以，命運並非不能改變，但是如何改變就是一門智慧，有不少人終其一生都用錯了方法。首先，我們來看看一個用對方法而達到從根本改命的案例。

　　古代有個很有名的例子，這是袁了凡的親身經歷，後來他傳授給孩子，作為他們的家訓。這個由了凡先生親身驗證的家訓其後編作《了凡四訓》，現今已相當流通，有興趣者可找來閱讀，是本值得閱讀的書。如果對文言文生疏的人，也可以參考淨空老法師的講解版本。《了凡四訓》這本書記載袁了凡從不了解命運，到後來經雲谷禪師指點，而進行立命─改命的過程。

　　當時他與雲谷禪師對坐三日，禪師很訝異：這人竟然能三天不動念頭。於是便問起了凡先生，當時他還不號作袁了凡，而叫袁黃。袁黃便說起來由，原來他的命運已被某位精通皇極經世的孔先生給排定，二十年來未曾轉動一分一毫。於是抱持著「反正命已經被算定了，

動念頭也沒有用」的心態過活。

雲谷禪師一聽哈哈一笑，說：「我當你是豪傑，原來也是凡夫。」為什麼禪師這麼說呢？因為一般人妄想紛飛，要做到不動念頭不是件容易的事。但袁黃卻不是因為修為達到不動念頭的程度，而是他抱持著「消極的命定觀」，覺得既然命都註定好了，沒法改變。這是一種感到無可奈何的面對心態。

雲谷禪師得知這個因由後，便告訴袁黃改命的方法，要點就是：**從心裡去修改自己，去行善積德。**

因為袁黃當時還未深入佛理，所以雲谷禪師先跟他說了改命的原則與方法，而這裡頭其實還蘊含「萬法唯心造」以及「宇宙因果法則」的道理。若想改變命運，需在「心地」耕耘，這就已超過世俗算命的「命定」範疇，但卻是在「宇宙因果法則」的範疇。如是因，如是果。

「欲知前世因，今生受者是；欲知來世果，今生做者是。」

這個道理很奧妙，也是改變命運的要義所在。此處的「前世—今生—來世」除了指靈魂輪迴轉世的意思之外，其實也指涉今生的「過去—現在—未來」。譬如昨日的因，造成今天的果；今天的因，又造成明日的果。又上一個決定、行動，或過去的決定、行動，導致現在

的狀況；而現在的決定、行動，也影響到下一個狀態，或者影響到好多年，好多世以後的狀態。然而這些決定和行動都取決我們的「自心」。

自心的念頭影響／感召我們的環境及命運走向。近年來坊間有些書籍談到「吸引力法則」，其實說穿了，就是「心念」與「境遇」的因果互動關係，這昭示著「心念的影響力」。所以世界的諸多問題，乃至災難，與人的念頭有密切的關係。但很可惜，現今地球上主流的科學家不但未協助地球人了解真相，有時反而視之為無稽之談。慶幸的是，逐漸有一些科學家能抱持著開放的心胸，來看待「其它維次」以及「因果法則」。

有句話說「欲知世上刀兵劫，但聞夜半屠戶聲」，這是因果關係，說明殺業的果報。殺生的果報，對於個人而言，容易造成世俗所謂的血光之災，且尚有多病、短命、容易怖畏、乃至墮到惡道的果報。而殺業對於整個地球而言，則容易匯聚成戰爭或海嘯等災難。地球人經常把這些因果道理視為宗教或超自然的範疇，甚至斥之為迷信。原因不難明瞭，只因為現今的科學難以證明，這是相當令人遺憾的事。當然，對於未知的事物，我們也不能「人家說什麼就相信什麼」毫無理性地接受。但若因為不能證實，就視作迷信，這其實也不符合科學實證的精神。

由於普世價值觀／世間主流見解，及科學的無法證

實等因素，造成地球人普遍對於因果觀念缺乏認知與理解。地球人一直朝物質文明發展，只會將人類的未來帶入死胡同。精神文明及心靈的進化／淨化，才是宇宙間的主要趨勢，而今「下永恆運行的新紀元」來臨，「德性」更是主軸。「了解宇宙因果法則」能在這當中起到重要的作用，因為人們能從中取得發展的正確方向，可惜多半地球人至今未能真正體認到這點。因此，協助地球朋友們認知「宇宙因果法則」也成為我們今後的工作項目。

福量與心量的關係亦是如此。為什麼我們心量、精神、心靈難以開展揚昇？「被物質世界『綑綁』」是一個很大的因素。由於心靈之眼被物質蒙蔽，被貪心與欲望蒙蔽，所以我們「看不見」更廣闊的世界。這個道理不難理解，譬如一個人帶著手機去郊遊踏青，但是心裡眼裡只有手機上的遊戲、影片或訊息，在此情況下，是「看不見」周遭景象的。

又譬如我們如果只關心自己的物欲、私欲享受，那我們將「看不見」有許多生命所遭逢的苦痛。一個人在啃著雞塊、切著牛排時，曾想過牠們被宰殺時的痛苦嗎？經常相約去餐廳吃美食或上街shopping時，曾想過有許多街友、難民正餓著肚子或缺乏禦寒衣物嗎？我們隨手丟棄堪用紙張時，會想到有許多樹木正被砍伐嗎？相形之下，只有少數人曾在意過這些現象，大多數的人們

只關心自己的欲望能不能獲得滿足。

如果我們的心量小到只看見自己的欲望和方便，那如何看見更寬廣的世界呢？如果我們的心量狹隘，將如何能有大的器皿來盛裝上天賜予的福報？自助而後天助，天就算要賜福給我們，我們也得先反省自己有沒有足夠器量盛裝。這個裝福的器皿，姑且把它稱作「福量」。這個福量與什麼相關？就是與我們的「心量」相關。

心地寬厚開闊的人，他的福量就大，上天要賜福給他，他有足夠的福量（心量）容納。心地小、器量小，凡事容不得別人，見不得他人好，老想從別人那占便宜的人，上天就算要賜福給他，他也容納不了。

後者不了解一件事：就是他所占來的便宜，其實只是他過去的福報，而且用不當的手段或損害人的心態所得來的，遠比他原有的福報還小，這也是他對因果不了解的緣故。譬如一個人命裡本來有一億的福報，但是他用不正當的方式與心態去得到，可能他得到了六千萬，但他很高興，以為自己賺到了，其實他虧了四千萬自己卻不曉得。他要是懂得因果道理，他不做侵損別人的事了，為什麼？因為福報早已折損在害人之心當中。而且以惡心或以不當手段滿足私利，除了使自身福報減損之外，還有後頭的果報要承受。2017年上映的韓國電影《與神同行》中所說的「不義地獄」就是一面讓我們警

惕的借鏡。

所以命運是在自己的一念心，算命就算再準，也只是算出過去已成的既定狀況，但未來的命運，卻是可以加以修正的。如果我們不懂修正的方法，那就是按照既定的命運走，就好像袁了凡先生在遇到雲谷禪師之前所過的生活。但若是我們知道修正的方法，並且在日常生活中去調整自己，命運是有轉機的。同樣的道理，地球的未來是否好轉，是朝向正向永續經營或是導致滅亡，也取決於我們地球人願不願意去修正自己。我們不要辜負「大天」的美意，要珍惜還可修正的良機。

轉變命運的方法是什麼？就是心存善念，擴大心量，改掉壞習性，往善的方向去利益他人。而這正是「宇宙因果法則」當中「真」與「善」的基本原則，以往人們所謂的順天而行，正確地來說，這裡的「天」即指向「宇宙因果法則」。

至於如何達到「平時心地清淨，一起心念就是善念」的「恆常心存善念狀態」，則必須「練習把一念接著一念的心念管理好」，這是我們每一個人的課題。當然，像《菩薩處胎經》中彌勒菩薩所說的「舉手彈指之頃三十二億百千念」，也就是說彈一下指頭的時間，已生出三百二十兆個念頭，這多麼地微細。我們凡夫要察覺到這麼細微的念頭並不容易，但是我們可以從較粗的念頭開始。

譬如一個人在生氣，知道自己在生氣嗎？有的人講話講到臉紅脖子粗，還覺得自己沒有生氣。又譬如有的人跑去罵別人，不是對方做得不好，真正的原因是嫉妒對方，這個自己能察覺得到嗎？有時心裡興起惡念了，自己明白嗎？如果我們想真正讓命運好轉，就必須學會察覺自己的念頭與狀態。所以想要回到「心地恆存善念的狀態」（回到真正清淨心的前奏），其重要訣竅在於覺察自己的心念，練習的方法可從「注意話語」開始，目的都是恢復清淨心。

　　美國有位修藍博士醫治病患，並未與病患直接接觸，而只是清理自己的內心。他在清理內心時，就用四句話：「對不起，請原諒我，謝謝你，我愛你。」由於高度專注及誠懇地由心念發出這四句話，而讓他回復到清淨心的狀態，正是這個清淨心發出來的力量，讓病人痊癒。而這四句話其實就是兩大元素，即「懺悔」與「感恩」，說得更深刻些，即是「尊重」與「愛」。

　　為什麼人類會製造出這麼多化學食品，因為我們不懂得尊重他人與大自然，我們現前的地球人經常以利益為導向。也因此地球環境遭受破壞，人們也吃下許多不自然的食品，長期下來人體產生變化。而人們不健康的另一個原因即是「缺乏愛（善意）」，我們經常用惡意乃至不當的方式對待周遭人事物，而自己卻未加察覺。這些惡意與不當對待，也累積在身體的細胞當中，同時

也存入靈魂識因（靈魂資料庫）當中。在此情況下，人怎麼會健康呢？

修藍博士用了「對不起，請原諒我，謝謝你，我愛你」恢復清淨心。念佛人則用一句「阿彌陀佛」回到清淨心。所以，說實在話，「清淨心」是人的基本配備，我們把這基本狀態都給忘了。前文〈未知生，焉知死；知將死，故知生〉中，提到：

《佛說天地八陽神咒經》所云：「左ノ為真，右へ為正，常行正真。故名為人。」

清淨心，就是這個「正」與「真」的基礎。如果心地不清淨，有惡念邪念，人則不正。如果心地不清淨，虛偽、妄念紛飛，人則不真。我們想把「人」這個角色演好，得先讓自己恢復清淨心。清淨心，是生而為人的本能，只是我們把這本能給忘了。

2017年下永恆來臨，以人為主，以德性為核心。「以人為主」這不是說要人們傲慢自大，而是要人類回歸到重視「德性」（精神文明）的路線，並腳踏實地進行自我檢視與修正，真正落實心性，讓心地恢復清淨狀態。所以，「下永恆以人為主」的這個「人」字，表面意義是指「人類」，但更深刻的意義則是指「正」與「真」，而這正是「德性」的內涵。

我們再談談「如何回到心地恆存善念的狀態」這個題目。「察覺自己的念頭」是一項很重要的練習，而這項練習又可以從「察覺話語」開始。經常我們連「自己說了一句不厚道的傷人話語」都無法察覺。在談話中有時漫罵了他人、損傷了人，卻覺得理所當然。當旁人提醒時，又往往認為「我就是這樣」。若是以這樣的態度而想要達到「心地恆清淨，起念均善念」的狀態，大概很為難了。連口都管不好，遑論是心念。以往聽到有人說「刀子口，豆腐心」，表示這個人心很軟，只是說話比較尖銳。然而，我們要問：「刀子口，豆腐心，那這塊豆腐還藏著一片刀，不是嗎？」您去菜市場買豆腐，會希望買到一塊裡頭藏著刀片的豆腐嗎？應該不會吧。所以，練習把話語管理好，在談話中不論是語氣或內容，都要練習能尊重他人。

透過對自己話語的省察與修正，同時也是在修正自己的內在心念。正因為我們有「不好的念頭；損傷他人的習氣；不尊重他人的性格」，才會形於外在的話語。正所謂「發乎內，形於外」正是此意，由此再次證明「凡事內省」的重要。

而我們往往不了解，當下一個念頭（或話語）的影響力有多大，多深遠。譬如種下一顆樹種，它有可能長成參天大樹，而讓許多路過的人得以歇息或遮風擋雨。然而這顆大樹原本只是一顆小種籽，而我們的念頭就彷

佛這樹種，看似微不足道，其實影響深遠。

　　因此，**我們要多將善的種籽種入識因（靈魂記憶資料庫）當中，這個善的意識會協助我們把未來的生活（包括未來世）導向美好的方向。**同樣的道理，如果我們興起惡的念頭，種入惡的種子，則讓我們朝向不幸之處走去。所以，「害人就是害自己」這句話的確是至理。因為我們在興起傷害他人的念頭時，同時也正在把惡的種子種到自己的識因中，這些惡念種籽正是讓自己遭逢不幸的主要元兇。關於此點，編者深受其害，有切身之痛，懇請各位閱讀者引以為鑑。而上述這個觀念，正是宇宙因果法則中「善有善報，惡有惡報」的原則。因此說「福量來自你的心量，命運起於心的創造」，重點還是在於「心念」。

　　「命運起於心的創造」，但要怎麼創造，還得從了解「宇宙因果法則」開始。否則，我們種下了許多惡因，而不了解這些惡因將帶給我們什麼樣的影響，結果感召不順遂的人生、不幸的未來，自己對其成因毫無察覺，甚或怨天尤人，不知自我反省。如此一來，可能就會落入惡性循環當中，而招來愈來愈糟的處境。因此，**與其一直去算八字、搶風水占地理、問占星、排塔羅，還不如多認識宇宙因果法則，老老實實自我修正心念、言行，這才是創造嶄新命運的祕訣。**

＊＊＊＊＊＊＊＊＊＊＊＊＊＊＊＊＊＊＊＊

Q.人要不要累積福報？

A.還是要的，但不要貪執，也不要邀功。《金剛經》中有一個很重要的觀念，即「不邀功」。

佛陀教我們不要貪執福報，這是對的，但是佛陀沒有叫我們不要累積福報功德。否則，為什麼有個典故叫「佛不捨穿針之福」，這就是提醒我們還是要累積福報。但是累積歸累積，我們不要念念不忘自己做了哪些事。譬如有的人捐了錢，做了一點幫助他人的事，就到處去向別人邀功，或覺得自己了不起，這其實是在「追求名聞」，這種心態不正確。為什麼？因為自己也許做了許多壞事及不恰當的事，或起了許多不好的念頭，那些都不提，卻專提自己做了哪些好事，這樣有失公允。

累積這些福報，不是用在世間享受，而是為了出離苦惱。

關於這則如來不捨穿針之福的典故，記載於《增壹阿含經》卷三十一。一次阿那律尊者在縫衣裳，然而由於眼根敗壞，無法將線穿過針孔。釋迦牟尼佛知道此事，便來到阿那律住處，告訴他：「請你拿針過來，我幫你穿針。」

阿那律尊者問道：先前我發出的心念是各個世間想

求福者，幫我穿針。

世尊告曰：「世間求福之人無復過我，如來於六法無有厭足。云何為六？一者施；二者教誡；三者忍，四者法說、義說；五者將護眾生，六者求無上正真之道。是謂，阿那律！如來於此六法無有厭足。」（恭錄自《增壹阿含經》，全文請見原典。）

其實世尊是表演給我們看的。我們世間人求福往往是為了自身享受，然而由於貪圖這個身體的享受，我們經常為此造下很多罪惡。但是真正覺悟的人並非如此，他們修福，不是為了自身享受，而是為了圓滿更高遠的目標——幫助更多眾生明白真相、解脫痛苦，也是為了讓自己更貼近宇宙真理。釋迦牟尼佛幫阿那律尊者穿針，不是為了自己修福後能吃好住好，真正的用意是：「要讓眾生了解到罪惡之根源在於身口意，而能朝向善的方向努力，懂得修正自己的行為、言語、意念，而能免於墜墮到惡趣中。」

所以，真正慈悲有智慧的覺者，所行、所言、所念都是為了利他，都是以真誠心在替他人著想。世尊是為了修福而幫阿那律尊者穿針嗎？不是的。用意還是在引導眾生了解宇宙人生真相，進行自我修正，而得以離苦得樂。從這點，我們就可以回頭進行練習，於日常生活中檢視自己的思言行是出於自私，還是出於利他，兩者出發點（因地）迥然不同，心量福量（果地）亦不同。

默默地利益他人，他人知不知道沒關係，知道也好，不知道也好，我們都學著別放心上。

Q.福報要怎麼用？

A.用在利益他人，與幫助自己提升。

　　關於此點，其實上一個問題已提及。很多人不會用福報，常把福報拿來享樂造業。結果福報遞減乃至享盡，業力一來，抵擋不了業力侵襲就淪落了。

　　譬如一個人有財富，這是福報。但是這個財富該怎麼用，有的人把它吃吃喝喝用掉了；也有人存下來以備不時之需；也有人撥出其中一些來幫助真正有需要的人。這些是人們不同的選擇，但是一個人的心靈層次到什麼程度，看他怎麼使用錢財，或如何運用福報，就可略知端倪。同樣的道理，能享有人身也可視為一種福報，但是「善用人身」與「誤用人身」迥然不同。

　　心靈自私的人多半會用在滿足自己的欲望與享受。所以有的人再怎麼繞，也是繞在如何達成自己欲望的滿足，或是自己物質的享樂，鮮少會去關心到他人的需要。這類人，也許表面上看似有福報，但其實他的福報多半成為「讓其心靈墮得更深」的一大隱憂。因為當濫用福報時，表示心靈已被貪欲、物質世間給牢牢綑綁。

福報該怎麼用？有智慧的人把福報用來利益他人，譬如菩薩有福報自己不享，用來幫助苦難眾生。或者用來提升自己。

　　新加坡有位許哲女士，有人喻她為東方德蕾莎，她就是一個好模範。她把錢拿來蓋養老病院，自己身上穿的衣服，是從回收堆裡撿回來的。遇到總統召見，也是穿著那撿回來的衣服，但她過得比我們都還充實自在。當然，我們一般人要做到像她那樣，樣樣都不為自己，一時半刻也不是件易事，但我們可以從做得到的範圍開始練習。**在現實生活中，有的人的確在經濟上比較拮据，但是我們要具備一個正確觀念：「行善不一定非錢不可。我們每個人都可以實行，同時也是最基本的行善方式就是——保持善念，修正自己——這不需要花錢，而且也最為根本與實在。」**

　　另外，福報也適合用於修行（修正自己，包括培養自己）上。譬如把「生活費或時間」視為一種福報，一位學生有一筆生活費／一段時間，他可能有很多種選擇。譬如「用於朋友聚會、買新手機、增添衣裝，玩線上遊戲等享樂」，或者「購買與學習相關的書籍或用物，以增進自己的專業素養」。前者雖享一時之樂，但問題在於：遇到真正要處理事務時，將會發現自身能力不足以處理相關問題。而後者雖然玩樂的層面較少，但是卻能累積自身能力。當然，舉這個例子不是要我們不

能休閒，適時適度的休閒與放鬆也是很重要的。但是，透過這個例子，我們可以了解到：若是把福報都用在享受與玩樂，一但遇到現實問題來臨時，將發現自己無法處理，甚至無力招架。

又或者遇到業力，若是平日懂得「在心地上用功，在生活中修正自己」，福德夠，遇到業力來臨時，再努力一下，比較容易越過業力。然而平常享樂或造業，把福報消耗了，遇到業力，過不了，便淪落了。

★ 應認知的正確觀念：**最實在的福報，是智慧。**

因為有智慧，可讓我們避免做出導致他人或自己痛苦的事。何以「了解宇宙因果法則」這麼重要，因為它能讓我們開發智慧，明瞭什麼該做，什麼不該做。趨吉避凶，靠的也不是算命或看風水，而是智慧，而是正確的因果觀念。有的人學佛，把佛菩薩當成神明在膜拜，而不知佛代表的是智慧圓滿的存在。於是老向佛菩薩祈求要「學業進步、考試合格、事業順利、家庭美滿……」，但為什麼就不懂得「反求諸己」。好像帶點供品、投功德箱、在佛菩薩像前叩幾個頭，就要佛菩薩幫我們完成祈願，又不是在做買賣？也有一旦沒有達成自己願望就對佛菩薩失去信心的人，那真的是不了解什麼是「學佛」。

學佛，就是要我們看清自己，然後改掉不好的習慣，而趨向開發圓滿智慧的過程。有很多事，我們得先自己努力。「天助自助者」，就算要請求佛菩薩幫忙，自己也得先努力。

希望「學業進步、考試合格」，那就用功讀書吧。

想要「事業順利」，那就老實做人，用心做事吧。

期望「家庭美滿」，那就珍惜家人，彼此尊重，並且遠離邪淫，不要搞外遇吧。

腳踏實地，是【下永恆】的努力方式。「福量來自你的心量，命運起於心的創造」。要有大福量，那就先擴充心量；要有好命運，那就先顧好心念。這些都盡其在我，講究腳踏實地，一步一腳印，無法假手他人，這是下永恆的精神。

九、「天命」的新時代意義
修行新趨勢——回歸柴米油鹽醬醋茶的修行

★「天命」不是玄學名詞，而是明瞭此生所為何來，明白自己該做什麼。

（一）何謂「天命」
——略談「天命的新時代意義」

何謂「天命」？有些人誤解這個詞的意思，甚至把它歸到玄學靈異區塊。有些宗教或民間信仰具有所謂「帶天命」一說，認為「帶天命」的人就要修行，以執行上天交辦的任務，因而又產生打坐、靈修……等相關活動。然而我們要問一個問題：「哪一個人不該是修行人？哪一個人沒有『帶天命』？」

如果我們了解到「修行」的基本意義是：「明白自己不恰當或錯誤的心念、言語、行為，並進一步加以修正、改善、調整」，依此角度來看，哪一個人不是修行人？每一位地球人都應該讓自己成為修行人，「修行」不是宗教人士的專利。前文也已提及：「落實心性，學習與提昇、回歸最原本清淨的狀態」是我們在地球轉生的共同功課。而今，進入下永恆新紀元的「修行新趨

勢」是——回歸柴米油鹽醬醋茶的修行。

「柴米油鹽醬醋茶」是一項表徵，代表「日常生活、食衣住行」，而修行本來就是在日常生活中進行。這裡稱之為「修行新趨勢」，為什麼用「新」這個詞？原因有二：

1. 代表2017年全星際網路改朝換代，下永恆來臨後的修行趨勢。

2. 要與一些把修行「歸納到玄祕區塊」、「安置在口頭文字」的修行態度，或「只侷限於宗教領域的觀念」作區別。如果誤以為修行隸屬於宗教，那麼修行變成「只是宗教人士的事」。然而，正確的觀念是：修行（自我修正）並非隸屬於宗教，「自我修正」是全體地球人乃至芸芸眾生共同的功課，而宗教是修行的一環，人們可依自己狀態選擇正向合宜之宗教。

「是否為修行人」的判定，不在於「表象上」有沒有宗教信仰，而是在於「實質上」能否看見自己心性與言行上的錯誤，並且修正它。當然，如果能有個正向合宜的宗教信仰，有助於我們達成自我修正的目標。在此要提醒的是：我們不要輕易去判定他人是否為修行人，而應該反觀自己是不是修行人。所以，不論您有沒有宗教信仰，每個人都應該努力讓自己成為「真修行人」

——在實質上看清自己，進而修正錯誤的人。而「現在已經沒有所謂『帶天命』，只有承擔。」（大約是在2017前幾年開始）期許地球朋友們用很樸實的角度來觀看「天命」一詞。

　　某回，一位認為自己罹患憂鬱症的人發問，有人回她說：「妳就是帶天命，要修行。」且又很好意地要帶她去哪裡「問事」。我想：不是每個人都應該讓自己修行嗎？怎麼又牽扯到「帶天命」？編者應該是有立場說這些話的，因為我大概16、17歲就接觸民間信仰，對於「帶天命、靜坐、會靈、神明附身」等略有接觸。但也因為這些讓編者後來吃了大苦頭，招來不少麻煩。後來想起那一段，心裡總覺得：如果當時有善因緣能遇到善知識就好了。所以編者有個心願，就是幫助人們不要走錯路。

　　深深覺得一個人找不到生命的出口已經很苦了，有心走上修行路（修正自己之路），卻又遇上「觀念不正確的人，或是想要從我們身上賺錢或撈點好處的人」，那種感覺不太好。所以，很希望地球眾生能真正了解此生意義為何？要如何修行？到底我們來地球做什麼？當我們愈能認清這些問題的真正意義，那我們的人生路、修行路就愈有保障，愈不容易被有心人士欺騙，也不容易被人以盲引盲，或者誤導別人。

　　因此，像編者這類型的人在社會上往往不大討喜，

因為容易影響他人財路。但是值得地球人思考的是：為什麼我們非得成為向錢看齊、唯利是圖的人呢？的確，沒有錢，很多事沒辦法處理，但「錢，是我們此生的目的嗎？」或許我們也可以靜下來問問自己這個問題。

還是要留意：不要把「帶天命／天命」看得很玄祕，或者把它當作抬高自己的一個說詞。至於「天命的新時代意義」，說穿了也就是在問一個問題：「此生的生命意義何在？」

Q.何謂「天命的新時代意義」？

A.所謂的「天命」並非過去民間信仰中所謂的「帶天命」。以下以「天命的新時代意義」為探討基礎，仍簡稱「天命」。「天命」就是我們此生的「責任／課題／要圓滿的項目」，這不見得只指向職業，只是在這裡拿職業來說明。我們有所謂的共同功課，也有個別功課。共同功課（天命／責任）即是落實心性。至於個別功課，每個人要承擔的責任，想承擔的項目不同，這個我們自己要去認識。

Q.何謂「落實心性」？

A.就是把所了解到的正確觀念、概念落實於生活，讓它

成為我們心性。譬如我們知道發脾氣不好，接著就要在生活中練習尊重他人、不發脾氣。當練習到連潛意識裡一絲毫怨懟憤恨都沒有時，我們可以說這個「不發脾氣」的概念已經落實到心性裡頭。而我們在做這項練習時，則可視為「朝著落實心性而努力」。

（二）企業家的天命（責任／承擔項目）

據得知，某位企業家也是帶天命，您們之中可能有人想：「企業家也帶天命呀」，您們知道他帶的是什麼天命嗎？企業家帶著「協助許多人養家糊口的責任」，這不難理解。還是您們覺得企業家得去學起乩才叫帶天命？

順道一提，恰巧談到錢和企業家，從高層得知：之前有位企業家，財物豐厚，但他命終，他全部的財產也沒有辦法幫助他脫離惡道。上頭這個意思是不是他墮到惡道裡去，這我不敢跟您們確定。但是，可以確定的是：錢財，在一個人活著的時候，好像很有用處。沒想到，一但死後，竟然一點幫助也沒有，而這就是我們世人所執著的錢。因為我們地球人現今仍未擺脫「以物質世界為重」的思維，所以編者也不是要大家不去工作賺錢。只是要強調的是：錢，是一種工具，但我們不要反而成了錢的工具。這個觀念就像前文所說的，人身是靈

魂的載具，但我們的靈魂不要反而成為人身的附庸。

而今，「天命，是一種承擔」的新時代概念，讓我們更容易將「看似玄祕的天命概念」落實到人世間。至於「承擔與否」以及「如何承擔」則端看自心。譬如上述「企業家」這項工作，其中共同的「天命」是幫助許多家庭有工作機會，能夠因此養家糊口。然而，同樣身為企業家的人是否能對此有所覺悟並且承擔，這就取決於各個企業家的心態與動機。也許有的企業家體悟了這項工作真正意涵，並且去實行。但或許也有些企業家未能體會到此意義，而只著重於個人的營收績效以及利潤。

（三）政治家的天命（責任／承擔項目）

同樣的道理，政治家的天命（責任／承擔項目）即是「造福國家社會、人民百姓」。像國外有一些政治家，他當選是真的要為人民服務的，並且在其死後還將全部財產捐給國家，因為他認為是國家給他機會服務人群。

但也有未能體會到其天命的政治人物。譬如開了一堆不合適的政治支票，企圖制定一些讓人民心靈開倒車的政策。表面上說得很好聽，說要順應民情、符合潮流，然而真實情況只是為選票、名望、利益。此類型的

政治人物，即是所謂的「政客」。

政客當選後很難真心把人民福祉擺在優先考量序位，因為出發心是為自己，不是為別人。所以，政客問的第一個問題經常是：「對我有沒有利益」。（但是我們無需批評人家，反過來，我們要反省的是：我們會不會也是「某個場域中的政客」。）

缺乏宇宙因果法則觀念的政治人物及民意代表，或是以自身利益為優先考量的政客，這幾者都很難真正能利益到人民百姓、國家社會。在此藉由「性工作除罪化」這個議題，我們來看看人類思維的荒謬之處。

首先，要提到「法律層級」概念。譬如一個國家有憲法、法律、命令三個層級，各層級之規範皆不可違背在其上位階的規定。如果要用「法律層級」的觀點來看，「宇宙因果法則」是在世界各區域各國的憲法法律之上。

假設現在有個十口家庭，自己在家投票，最終決定：開車肇事，造成公物或他人財物毀損不用負民事賠償責任，造成他人傷亡不用負刑事負任。我們請問一個問題：如果這家十口開車上路，造成公物或他人財物毀損，要不要負民事賠償責任？若不幸造成他人傷亡要不要負刑事責任？還是要的。當「自己關起門來做的決議」遇上「法律」之後，仍需以「法律」為判定準則。

「性工作除罪化」或「性工作合法化」，不論是用哪一個名義來作為這項議題的名稱，我們都看出其中的荒謬。荒謬的地方在於：

第一，對於「宇宙因果法則」層級不理解。當人類自己「關起門來——無視因果法則」地嚷嚷著性工作除罪化或合法化的時刻，「性工作」在「宇宙因果法則中所必須負擔的因果責任」也不會因此消除。這種情形就像上述那十口之家的例子一般，縱使關起門來做了個十個人都通過的決議，但很抱歉，一旦開車上路，還是要按照現行的法律規定。

第二，提出這項議題的人或政治人物，為什麼不把心力放在「如何促進人類行為進化、心靈淨化，人類精神文明得以提升」等面向？而是倒行逆施地去製造一個對人類精神文明進步無益的議題？

有的人認為「從事性交易的人很多來自中下階層，為了保護他／她們避免被黑暗勢力控制，所以要合法化。」如果該提議是出於善意，那我們僅讚許其善意，然而其提議中列舉的方法並不妥當。因為，保護這些人的更好方式是「讓這些人民可以取得更好的工作來維持生活」。與其把時間心力花在「性工作的除罪化或合法化」，還不如想辦法改善當前社會環境，提昇人們心靈層次，讓人們可以依著合宜的工作過活。地球人實在沒有必要為了「人們因肉身而起的私欲，而發展『以淫欲

為生的工作』」，請勿再自欺欺人了。

　　多數人類墮入情欲無底坑洞，無法出脫，被種種伴隨身體的欲望給奴役，您們不覺得這才是豢養黑暗勢力的一大根源嗎？真正能幫助性工作者「改善生活，不被黑暗勢力（或黑道）控制」的方法「根本不在於」性交易的除罪化或合法化。

　　真正幫助這些地球朋友的方式是：「讓更多地球人了解宇宙因果法則，並且體認靈魂來轉世的目的，不要再被物質世界給綑綁，不要再被伴隨著身體而來的欲望給奴役」，而這才是真正讓地球人能夠提升精神文明的方式，也才是能幫助這些地球朋友的最佳方案。

　　至於如何去除黑暗勢力，最好的方法就是「讓善念增長」。因為當地球上真心向善的人數達到一個轉變的臨界點，人類的集體潛意識將會轉為正向，而將原先的負向潛意識轉化為向善、正向的潛意識。如此一來，地球人才能真正契入下永恆。

　　雖然本書《下永恆運行　改朝換代的人生：新地球人文主義》，重點不是在談政治，但是提到「政治家的天命」時，還是必須多說一點。在世界各國，不論是政府官員或民意代表，當您們在做提案或議事時，煩請記得：這些提案或議事內容可能會影響很多人，甚至影響到您個人的未來（世）。懇請您們對於「宇宙因果法

則」多加認識，對於提案及議事都能多加謹慎。

　　很可惜，編者的英文能力欠佳，沒辦法將全書譯為英文，否則就能將這些觀念與「更多地球人、更多政府官員或民意代表」分享。如果您們之中，有人認同這本書的觀念，歡迎把它正確翻譯出來，分享出去，但請勿做為營利性質。也請知會我們一聲，讓我們知道有人願意進行這項工作。聯絡方式，寄email到「新地球人文主義工房」的信箱shinown26473@gmail.com。

（四）教師的天命（責任／承擔項目）

　　接著，我們再來看教師天命。教師的天命（責任／承擔項目）即是「教育英才，提攜後輩，幫助新一代把人生的根紮穩。」有許多教育人士體會到此點天命，並且真心地去完成這份責任。譬如淨空老法師，又譬如「就算爬也要爬著去上課的」靜宜大學林好晏教師，還有許多真誠為教育英才而努力的教職員，他們都是體會到教師責任的人，在此向這些教師們致敬。

　　據聯合新聞網2017年12月5日的報導：「靜宜大學助理教授林好晏兒時罹患小兒麻痺，她中風、重度憂鬱症，走出低谷，卻接二連三發現腎衰竭、右乳、大腸和左乳罹癌。抗癌、洗腎又遭遇車禍、摔斷腿，她沒有向命運低頭，復健期間和巴士、計程車洗腎、上課，曾說

『爬也要爬進去上課』。」

　　但是也有會對學生起非分之想或性騷擾的「狼師」，或者傳遞錯誤觀念的「邪師」（通常指宗教中以邪知邪見誤導眾生的人），這就是未能體會到教育責任的人。

（五）食品營造業者的天命（責任／承擔項目）

　　又譬如食品營造業，其天命／責任，是製造出滋養人們身體而不產生危害的有益食物，最好是天然、非加工的、不含化學成分的食品，以協助人們維持生命後而能圓滿其人生。但若是只為了私利或謀取暴利，而製造出危害人體的食品，譬如回鍋油、塑化劑，或販賣過期罐頭等，那就與「食品營造業」的所應承擔的責任相違背。

（六）導演暨演藝人員的天命
（責任／承擔項目）

　　又譬如導演，有的人選擇以導演作為工作，導演要拍攝什麼，雖是自己可以決定，但拍攝內容除了影響自身是否能圓滿導演天命外，更是可能影響許多觀看者，不可不慎。**導演的天命就是拍攝啟發人們覺性，有助人**

心向善的影視。早期幾部電影如《達摩祖師》、《六祖慧能傳》、《德蕾莎修女》等，都是對人們覺性、人心向善有助益的好電影。

印度導演暨演員阿米爾‧罕（英語：Aamir Khan）也為「導演（演員）天命」做出正面示範。2007年由阿米爾‧罕導演並演出的《心中的小星星》（Taare Zameen Par）闡述教育議題。該片中一位具有閱讀障礙的孩童，由於認知方式與他人不同，而讓父親及教師對他產生成見。在一次又一次面對外來壓力，又無法找到出口後，這位孩子選擇封閉自己。直到另一位能用嶄新觀點進行教學的教師出現，他的人生才出現轉機。而阿米爾‧罕演出的作品如《三個傻瓜》（3 idiots, 2009）也是部發人省思的電影作品。

此外，日本幸福科學出版株式會社制作的動畫《太陽之法》、《黃金之法》、《永遠之法》、《佛陀再誕》、《神秘之法》，以及2017年韓國電影《與神同行》，都是具有正面意義的影片。關於「影片中所演繹出的情節或觀點」，畢竟牽涉到電影拍攝及票房考量，不可能完全貼合「宇宙實相」。但是我們可以從這幾部影片中看出：「有助啟發人心向善的元素」，而且透過這類型的影片，的確也以「人們可以理解的方式」傳達／隱喻了某些宇宙實相（真相）。

說來也是可惜，現今地球人在心靈上尚未做好準

備，向人們說明真相往往不被相信，甚至還會遭受謾罵、打壓甚或迫害，有時得用隱喻的方式讓人們理解。透過一些有正面意義的電影作品（譬如以上介紹的這幾部作品），的確傳達了一些有關宇宙實相、死後世界、靈魂轉世、人生觀念、愛與利他等訊息給地球人類。

像《與神同行》這部電影，以「愛」與「利他」貫穿整部作品，也包含「孝親」的元素。並且傳達「人生在世」與「死後世界」的關聯，讓人們了解到：

1. 「人」並非死後就一了百了，還有許多事情需面對。

2. 「人生在世」的心念及言行會影響到「死後狀態」。

其中很多片段其實含有深刻的寓意存在，譬如金自鴻死亡後，其母親和小弟到消防隊中領收他的遺物。其中，媽媽抱著一盆乾枯的盆栽，而他的弟弟對媽媽表示：「為什麼要拿那個盆栽？那個已經枯死了。」然而，那個盆栽對母親而言，並不只是一個盆栽，它是已故兒子的延伸。而母親想要照顧這個盆栽，其實正隱含著她「對兒子的不捨，以及希望兒子能夠再活過來」的心情。這部作品在這些細節上處理的很好。

此外，《與神同行》在對「引導人心向善」這方面亦有提醒作用，譬如其中有個片段提到審判殺人罪的地

獄。主角認為自己沒有殺人，而陰間使者對他說：「殺人罪也包括間接殺人，如果有人因自己而死，由於這個原因也會在審判殺人罪的地獄被起訴。所以在網路上不能隨便留言、詆毀、漫罵，這些都會有紀錄的。」雖然這是用電影方式體現，但也的確突顯「部分現代人在網路上恣意攻訐他人」的情形，同時也提醒我們：人是要對自己的心念和言行負責的。

以上簡單舉幾個例子來說明導演天命。在此感謝這些正向電影的編劇、導演及演員，還有後製團隊，不論您們是否已體認此生責任，您們在這幾部劇作中已為實踐「傳達宇宙人生真相、啟發人心」的意義做出努力。很高興看到您們在這些作品的創造過程中，對此生天命（責任）的承擔與付出，也祝福您們能真正體會天命的新時代意義，並且能繼續發揮善的力量。當然特別感恩天地對地球人的慈悲引導。

但若身為導演，卻不明白「導演的責任」，很可能就拍出許多充斥著暴力、色情、心理狀態變異的影片，那就是違背了「導演天命」。後面的篇章會談及「宇宙因果法則」，我們就可以體會到拍攝或傳播不當影片、訊息對於自身乃至他人的傷害有多麼巨大。

＊＊＊＊＊＊＊＊＊＊＊＊＊＊＊＊＊＊＊＊＊＊

本篇，我們談到了天命的新時代意義，也探討了企業家、政治家、教師、食品營造業者、導演暨演藝人員等職業所要承擔的責任（天命）。

從上面簡舉的幾個例子，我們可以發現「天命——人生所應承擔的責任」有其內在趨向，即具有「協助他人向善發展」的屬性，譬如正向利他、真心為他人著想等原則。違悖這個原則，就不符合天命的現代意義。所以也不是每一種職業都有所謂的天命，甚至有一些職業是與天命相違的，若要了解這個部分，可以從佛法中的「正命」與「邪命」加以區分。邪命就是指不正當的職業。此外，天命也不一定只指職業，譬如在下永恆新紀元中，我們共同的天命是：「落實心性，培養德性，提升心靈層次」。

再次強調：現階段的「天命觀念」已經「不再是」以往所認知的：「要去當乩童辦事，帶了職責下凡，或者必須得參加靈修團體」等概念。

現階段的「天命觀念」是「承擔」，承擔你所選擇的正當合宜之工作、事項，並且從中找出能夠利益、造福他人的意義，進一步去完成／圓滿這個意義。

◎ 正確觀念：

★善用有用身，行做利他行。否則害人害己，得不償
　失。

★真正的「靈修」意義，是在日常生活中，從心性上、
　言語與行為當中進行自我修正。這不需要特別參加什
　麼宗教或團體，所需要的是「正確人生觀」與「對宇
　宙因果法則的正確認知」。

　　「宇宙因果法則」的基本原則即是大家耳熟能詳的
「善有善報，惡有惡報」。但善與惡的判定標準為何，
可從《十善業道經》中釋迦牟尼佛的開示加以了解（此
部分可參看淨空老法師所講述的版本）。

第三章

為人生撐起一把因果保護傘

隨著「我為何而活——生命意義／靈魂課題」、「如何落實心性」、「如何讓自己的人生『改朝換代』」等問題的探討，我們逐漸體會到「認識宇宙因果法則」的重要。因為「宇宙因果法則」彷彿我們人生的參照座標，有了這個座標，能讓我們行事有個依循的參照點。以下我們繼續從「因果不虛」與「抓周模式」兩個單元幫助各位朋友能初步了解宇宙因果法則。

一、因果不虛

——因果觀念並非束縛，而是幸福人生的保護傘

一抹清煙淡淡然，地獄豈得常常寬。

因果欠來款款債，傷心淚唱曲曲酸。

首先，我們來了解關於因果的一個例子，這個例子記載於《地藏菩薩本願經》‧〈閻羅王眾讚歎品第八〉。

閻羅天子見到地藏菩薩度脫罪苦眾生，「然諸眾生脫獲罪報，未久之間又墮惡道」的情形，心有所疑，便請示世尊：「是地藏菩薩既有如是不可思議神力，云何眾生而不依止善道，永取解脫？」

世尊開示：「南閻浮提眾生，其性剛強，難調難伏。」雖然地藏菩薩頭頭救拔，然而眾生「結惡習重，旋出旋入」。譬如迷路之人，「若再履踐，猶尚迷誤，不覺舊曾所落險道，或致失命，如墮惡趣，地藏菩薩方便力故，使令解脫，生人天中；旋又再入，若業結重，永處地獄，無解脫時。」（此段僅略述其要，完整經文請見原典，於此若有脫漏不周之處，或有將經文安置己典之過咎，在此懺悔。）

關於「眾生」有許多涵義，「芸芸眾生」也是眾

生，「內在的貪瞋痴」也是眾生，而在此處，「眾生」一詞亦指向我們這些還在輪迴當中打轉的靈魂。

「而不依止善道」就是我們受苦的「因」，墮入惡道就是我們造惡的「果」。而地藏菩薩是一位有能力把我們從惡道中救拔出來的聖者。雖然這位聖者不斷地努力要把我們救出惡道，但我們往往「結惡習重」，也就是聚積很深的惡習。因此常常被救出惡道沒多久，很快又回到惡道去了。

更悲慘的狀況是「**若業結重，永處地獄，無解脫時**」，這就是說：所造之惡太嚴重、累積太多、力道太強，落入此種狀態時，縱然菩薩想再把我們救脫惡道，卻也心有餘而力不足。因此，「業結重者」只得以極長的時間待在地獄當中，而難以得知何時出離惡道。

由《地藏菩薩本願經》裡頭的這則例子，我們就可以認知到：何以「了解因果」與「斷惡修善」如此重要。因為了解因果之後，「依著因果道理進一步去修改惡念惡習，往善的方向努力」——這是避免我們墮到悲慘狀態的良方。所以才說「了解宇宙因果法則，是在為我們的人生撐起一把保護傘」。

我輩凡夫於輪迴中流浪已久，苦海浮沉，不知出離。雖說永嘉大師證道歌云：「**夢裡明明有六趣，覺後空空無大千。**」然而，輪迴惡趣這一場場惡夢亦著實讓

人夢中驚魂，何以我們長期選擇做這些個夢而不知覺醒呢？「不了解宇宙人生的真相」是一個原因，「未能深信因果」則是另一個原因。所以，我們在這大夢中載浮載沈，時而做人間好夢，時而做地獄畜生惡夢。好不容易脫離地獄狀態，不久又墮回地獄去，難怪地獄鬼卒見到我們時只得嘆道：「唉！你怎麼又來了？」

關於這點可參考《梁皇寶懺》卷四·〈出地獄第八〉。地獄牛頭阿旁（地獄中的差使）起初對於罪人仍好言相勸，希望罪人痛加改悔，勿再造業墮獄。是以「每至免脫之日，恆加勸喻：此中劇苦，非可忍耐，汝今得出，勿復更造。而此罪人初無改悔，今日得出，俄頃復還。」（白話：每次到了地獄罪犯要脫離地獄的日子，地獄的差使往往勸導罪犯改過自新：這地獄裡嚴酷的痛苦是很難忍受的，你今天可以脫離地獄，不要再造落入地獄的因。然而這些罪犯卻未曾加以悔改，今日才脫離地獄，很快又回來了。）

然而罪人於地獄中旋出旋入的情況頻繁，牛頭阿旁逐漸筋疲心厭，起初還會相勸，到後來也不勸了，演變成「故加楚毒，望其知苦，知慚知恥，不復更還」。

所以，我們自己要有所警覺：「萬般帶不去，只有業隨身」。人生就像一抹清煙，淡淡的，金銀財寶、嬌妻美眷、名聞利養……通通都帶不走，如前文〈人身·靈魂·阿凡達〉中所述，這些只是「場景」。但是我們

愚昧，經常為了貪愛這些過眼即逝的人、事、物，而造犯罪業，以致經常於惡趣中受苦。

然而，造犯罪業，受到苦果，比方說墮入地獄，地獄之罰豈能常常寬宥我們？如《地藏經》中世尊所示，地藏菩薩以方便力救度墮惡趣者。好不容易脫離惡趣（惡道），但又因我們自身惡習、錯誤知見，造作惡業，很快地又墮入地獄。如果罪業結得深重，則長久處於地獄，不知解脫何期。

這好比我們希望人生能遭遇好的處境，但是自己卻不修正不當心念和不良習慣，也不願意向善調整，卻只是等待人家來提拔我們，這樣總是不太踏實。其實，地球處境也是如此，如果我們不知愛護地球，不知凝聚善念、行作善行，反而一直造惡聚集負能量，結果屢屢為地球招來危機，那又有誰願意一直來幫助我們呢？

「旋又再入，若業結重，永處地獄，無解脫時」的狀態想來真是苦啊。若是我們將自己逼入該境地，又能怪誰呢？因果不虛，負了因果，哪裡有不用還的道理，絕對要償還的。因果款項一筆一筆清清楚楚，帳目分明，縱然到了他方世界，一樣得償還。如是因，如是果，讓我們賴無可賴，跑不掉，逃不了。因為它是宇宙因果法則，而我們都在這個範疇之中。但願我等眾生都能明因識果，不造諸惡，奉行眾善，而能真正離苦得樂。

《地藏菩薩本願經》中歷歷果報並非虛妄；悟達國師身受人面瘡苦[4]，豈是編造；印祖所載之「五台山人皮鼓」公案[5]，亦非道聽途說；俞淨意公早年潦倒[6]，無非因果。只可惜，我們往往輕看聖賢之慈悲提醒，輕看了這些因果事例的嚴重性，不是信的不夠真切，就是把它們當作故事，卻沒想到自己可能哪天不小心也成了相似事件的主角。

4　悟達國師，唐朝僧人，法名知玄，字后覺，又稱悟達。據說唐懿宗時尊其為國師，並欽賜沉香法座，知玄法師心生憍慢，於膝蓋道生「人面瘡」，此瘡眉、目、口、齒皆具，以飲食餵之，開口吞食與常人無異。後蒙尊者迦諾迦賜以三昧法水洗滌瘡口，當時人面瘡道出與悟達國師之恩怨因由。
　　事起於西漢袁盎殺晁錯於東市。悟達國師即袁盎轉世，人面瘡則為晁錯所化。晁錯一直伺機復仇，悟達國師轉生十世均出家為僧，且持戒嚴謹，晁錯因此無報仇機會。直至受皇帝恩寵，生起名利之心，失卻戒德，因而讓晁錯得以化為人面瘡復仇。悟達國師於此事後編修《三昧水懺》。
5　印祖即印光大師，此公案可參見《文鈔》之〈復卓智立居士書三〉。文中記載：「五台山之人皮鼓，乃一僧虧空常住錢財，置私產。死而為牛，即耕其田。至牛死，托夢於徒。令剝皮蒙鼓，送於文殊寺，上書其名與事，令作佛事擊之，則其業可以速消。否則雖其田變滄海，業尚莫能消滅也。」講述一個人投生為牛的因緣，說明因果可畏。
6　此事載於《俞淨意公遇灶神記》，可參照淨空老法師講的版本，參考網址如下：https://book.bfnn.org/books/0242.htm

宣化上人1990年訪歐時開示道：「你不相信因果報應，等輪到自己頭上，想逃避也逃避不了。」[7]廣欽老和尚亦云：「凡事都有因果，一針、一線、一句話，皆有因果。」我們要是真的深信因果，我們就會真正謹言慎行，不敢造次。

　　踢到鐵板才知痛；墮到鐵圍方知驚。沒有看到果報時，我們總覺得這些事例彷彿天方夜譚。然而當果報臨到頭上、避無可避時，才知後悔，但那時縱然悔不當初，也只得去受報了。就像《梁皇寶懺》卷一記載：有一餓鬼自述因口業墮鬼道受苦，其後又將墮入地獄受更大的苦。他說：「造於無量不善之本，而今追憶，悔無所補。」（造下了難以計算的惡因，而現在回想起來，縱然後悔，卻也於事無補）。因此他「舉聲號哭，自投於地，如大山崩。」為我們印證「因果欠來款款債，傷心淚唱曲曲酸」這句話。

　　關於宇宙因果法則，釋迦牟尼佛為我們開示了很多，我們不要把它當成迷信。因果觀念，並非迷信，而是一種宇宙間的現象。人們想要趨吉避凶，最好的方式就是「了解因果，自我修正」；人們想要讓人生通往幸福，方法亦復如是。宇宙因果法則不難理解，它最基本

7　宣化上人此段開示收入於網站「法界佛教總會・佛教新紀元」中之〈殺生因果難逃〉一文，網址如下：http://www.drbachinese.org/online_reading/dharma_talks/1990EuropeTrip/contents.htm

的原則就是大家耳熟能詳的「善有善報，惡有惡報」。

如果一個人原本命運很好，但卻屢屢作惡，那他的好命運也會變糟。而一個人也許此生命運不佳，但卻願意修正心念與言行，樂於積德行善，樂於替他人著想、幫助他人，一旦到達轉變的臨界點，他的人生也會改觀。所以，了解因果觀，可以幫助我們修正心念言行，進而創造幸福人生，這比去哪裡祈福都還來得實在。也就是雲谷禪師告知袁了凡的「向內心求」——從內在修正自己。

父母愛孩子，一個很棒的方式就是幫助孩子建立正確的人生觀、豎立一把因果保護傘。在下一章節會談到「網路使用」，很多現代人誤用網路，造下許多會給自己帶來不幸的「因」。也許您的孩子也是誤用網路的其中一位，可能你我本身就是其中一位。藉由「使用網路的行為模式」，我們要進一步省思「人們在使用網路時，所疏忽的因果影響」。希望地球朋友們在使用網路、發佈訊息，乃至進行創作，甚至人世間種種活動時，能夠保持一份警覺。而這份警覺，很可能就成為我們嶄新人生的契機。

二、人生轉機，從覺察你的抓周習慣開始

——以網路頁海（業海）為例

　　當代社會中，網路似乎成了人們生活不可或缺的一環。很久以前，一位師父輕描淡寫地提醒我：「電腦可以害人，也可以助人。」現今回想起來，他所指的應該是網路，並且指向電腦與手機。我們多數人對於網路生活的「『警』慎度」是不足的，很容易便迷失於眾多訊息當中。我們經常瀏覽的訊息，其實隱藏我們的欲望與習氣，而這些正是左右我們人生幸福與否的關鍵之一。

　　其實不單只是網路，所有我們習慣「連結」的各個接點，都組合成左右我們此生乃至未來世的影響因子。這些接點有哪些，如上述所說的網頁，此外還有：思考模式、談話主題、喜好的飲食……，這裡用現代人們最習慣接觸的網路來探討。

　　什麼是網路？這裡要談的是電腦網路，這與第一章提到的「全星際網路」不同。全星際網路指的是所有星球，而本章所要談的網路是指：電腦或手機等所連結的網路。網頁，是人們內在欲望習慣連結之所趨。什麼意思？就是說我們的欲望以及習氣，會使得我們經常性地連結到特定的網頁（接點），而這有點類似「抓周」的

概念。

（一）何謂「抓周模式」？

　　早期人們會在嬰兒滿周歲時，準備一些物品，讓小嬰兒去拿取，藉此看他的個性及未來發展。因為是在嬰兒周歲時進行，所以稱作「抓周」。《紅樓夢》中，賈寶玉也進行了抓周，他抓到釵子、脂粉盒等女孩用物，讓他的父親賈政大為不悅；台灣電影《陣頭》裡頭也有關於抓周的片段。這種判斷方式，並非毫無道理，但是它的問題點在於「抓周並不是一次性的」。換句話說，我們生活當中的每一次選擇，都可視之為一種「抓周」，而人們在選擇時，往往具有特定的習慣，在此稱它作「抓周模式」。

　　實際上，小嬰兒一次性質的抓周，是無法決定他／她整個人生的，只能作為一種參考。而這種生活中的「抓周模式」才是決定人生走向的關鍵，若要把它稱作「生活中的輪迴」也無不可，也就是生活慣習，用佛家語言來說，就是「業習、習氣」。

　　為什麼我們人生好像老是陷入重複的情節當中，原因之一就在於「我們陷入特定的抓周模式」。如果一個人的抓周模式是正向、有助於身心靈提升的，那麼他的生活會往正向發展。然而他的抓周模式如果是傾向於損

傷生命、心靈，那他會逐漸感召負面的生活。當然，這有時是立即可見的，有時則須以長遠的角度來觀看才準確。就好像佛家說的「因果通三世」，我們得從更深遠的視角——因果的角度來觀察，才會了解我們現在所做的行為合宜與否。我們可以了解：「人生的幸福與否」與「抓周模式」關係密切。

（二）如何修正「抓周模式」？

關於如何修正抓周模式，有兩個部分值得探討，一是「對自我抓周模式的覺察」，另一是「抓周模式的合宜性」。

1.對自我抓周模式的覺察

抓周模式的範疇很廣，它不只涉及物品的選擇，還包括了一個人的行動、談話內容以及思考方式等。我們如果想改善自己的人生，得先對自己的抓周模式／習氣進行觀察。很多人對於自己的抓周模式渾然不知，更別說要去調整自己的抓周模式了。

譬如說話的抓周模式，印光大師曾說過「靜坐常思己過，閒談不論人非」。可是我們生活當中是否很習慣一坐下來就開始滑手機，要不就是開始閒談，而談論的內容往往與他人的是非有關。「習慣一坐下來就滑手機或閒談」這是抓周模式；「談論的內容往往是他人是

非」這也是抓周模式;「滑手機時習慣連結的頁面」,這還是抓周模式。由此可知,抓周模式在我們的日常生活中隨處可見。

關於抓周模式,我們再舉些例子,可能會更容易理解。譬如下班、休息時間,乃至回到家放下物品後,首先(習慣)拿起的是什麼,很可能就是電視搖控器或手機。有人會一到家先拿起佛經、聖經或可蘭經嗎?或是學生一回到家會先拿起課本來溫習嗎?相信也是有,但相對地為數較少。

在經歷「拿起電視搖控器或手機的抓周模式」後,馬上又進入下一階段的抓周模式,也就是「電視節目」與「網路瀏覽」的選擇。人們會連結到各自有興趣的網頁,而這個所謂的興趣,其實就是內在不同欲望與習氣的呈顯。譬如:

喜歡吃的人,會習慣連結與吃相關的網頁;

好玩樂的人,習慣連結到旅遊、觀光景點等網頁;

好讀書的人,習慣連結到書店、新書出版等網頁;

好淫好色的人,容易連結到情色相關網頁。

日常生活中的種種選擇,都是抓周模式的呈顯。有些抓周模式無傷大雅,譬如有的人喜歡吃飯,有的人喜歡吃麵,這沒關係,能飽就好。但有些抓周模式,則一

點一點地影響著我們的人生走向，且同時在建構我們的未來，乃至建立來生的習慣。

想要改善自己的人生，得先從覺察自我抓周模式開始，覺察之後去調整它，這樣人生才有改善的可能。至於人生何時出現轉機？就從「覺察自己的抓周模式」與「發現自己哪些抓周模式不適宜」開始。

我們可以回想看看：自己的日常生活中，是不是常常落入到特定的抓周模式中而不自覺？因為我們對這些模式太習以為常，幾乎察覺不到它們的存在，甚至覺得理所當然。像剛剛提的，有些人只要開始談話，沒多久他的話題便會進入到批評議論狀態，甚至愈講愈起勁。其實他已再度落入到「習於批評、談論是非」的抓周模式中而毫無察覺。

有的人認為：「每個人都有表達意見的自由，評論很正常。」但是我們往往忽略這些問題：我們是否濫用言論表達自由？是否正在發表尖酸刻薄、傷害他人的言論？是否構成言語霸凌？是否會因為「不厚道的言語抓周模式」而招來苦果？這在下一個部分「抓周模式的合宜性」會再詳細說明。

我們大多數人進行言論時，未曾反思過上述問題。很多人希望自己有福報，卻不明白：福報往往就在我們不經意的開口動舌之間流逝。底下簡單舉余淨意先生的

例子加以說明。

（1）了解捉周模式的影響力，有助覺察捉周模式
　　——由《俞淨意公遇灶神記》看言語抓周模式
　　如何影響人生

《俞淨意公遇灶神記》當中記載，俞淨意公早年屢屢不順，窮困潦倒，所幸每日誠意拜灶神，灶神化現提點俞淨意公。灶君提醒俞先生的內容有多條，在此僅以口過作為說明。灶君告知俞淨意先生：「若口過一節。君語言敏妙。談者常傾倒於君。君彼時出口。心亦自知傷厚。但於朋談慣熟中。隨風訕笑。不能禁止。舌鋒所及。觸怒鬼神。陰惡之註。不知凡幾。乃猶以簡厚自居。吾誰欺。欺大乎。」

淨空老法師講：

（口過一節）這是指妄語、惡口、兩舌、綺語，都犯了。俞先生為人能言善道，又有才學，很會說風涼話諷刺人，用的詞句都非常巧妙。所以，大家聽到的時候，都能被他折服。他有辯才，無理的事也能把它說成有理。他有強詞奪理的本事。他雖然說得很痛快，可是自己還有一點良心，曉得有傷厚道。說話太刻薄，好勝心強不肯輸人。幸有此一點良心，為今後轉禍為福之機。不然灶神到家跟他講，他也不聽！

這個人「自知傷厚」，還是可教，可以回頭。在

四十七歲機緣成熟灶神到他家的時候，把他的迷夢點醒了。在熟悉的朋友當中。此是講妄語之過。在朋友談論中，言語不讓人，不讓就是大毛病。我們讀《了凡四訓》末後一篇——謙德之效，懂得謙虛的反面就是不能忍讓，所以說，「滿招損，謙受益」。這就是自滿自大。一個人言行如此，鬼神見了都厭惡，都討厭。所以說「陰惡之註，不知凡幾」！

《地藏經》云，「閻浮提眾生，起心動念，莫不是罪」！自己還不知道，還以「簡厚自居」，認為自己很厚道，是個好人。你這是欺誰呢？難道你能欺天嗎？

從上述這個例子，我們可以看到錯誤的語言抓周模式，是造成俞淨意先生早年命運舛舛不順的原因之一。至於其它的原因，請參看《俞淨意公遇灶神記》。

由俞淨意先生的例子，我們可以看到「言語的抓周模式對人生的影響」，而網路使用的抓周模式亦影響人們甚鉅。

（2）不同的網路抓周模式，造成不同的人生走向

現今透過手機電腦，人們大部分的生活都與網路相關。然而，我們在網路頁海當中、眾多訊息裡頭，是否能覺察自己使用網路的抓周模式。很多時候，我們一連結上網路，彷彿進入到一頁頁的網路頁海中，便開始載浮載沈，迷失不已。好像很自然、很習慣地就一則則觀

看下去，欲罷不能，「網路成癮」就在當中產生。所以還是回到那句話「電腦可以害人，也可以助人」，重點就在「使用網路的抓周模式」不同。

我們首先來看透過網路學習有成的例子。

2017年7月有一則報導，一名年僅13歲的台灣青年江璟亮獲錄取紐約大學與加州大學。來自單親家庭，經濟上並不寬裕的他懂得善用資源。透過網路連結上國際「可汗學院」的教學平台，接軌國外教學課程，且透過網路練習美國入學測驗，在家自學成功，順利開啟出國念書的契機。

這是一個善用網路學習而有所成就的實例，就發生在2017年。江璟亮透過網路自學成功，必定與他的網路抓周模式有極大關聯。我們可以看到：他是善用網路進行學習，他的網路抓周模式之一是連結到「可汗學院」。

可汗學院（英語：Khan Academy）是由孟加拉裔美籍人士薩爾曼‧可汗（Salman Amin Khan）所創立。這所學校創於2006年，它是一個非營利教育機構，該機構通過網絡提供一系列免費教材。薩爾曼‧可汗最初是為了幫助住在遠地的親友學習，而把教學影片放到網路上，不料大獲好評。2009年辭去工作，投入教學影片的製作。

從江璟亮的例子，我們了解到「善用資源」與「良

好抓周模式」的重要。而在薩爾曼・可汗身上，我們看到「善用周邊資源，利益他人」的美好狀態。一念善意，在付諸實行後，也可能饒益許多人。

然而，也有為網路所累的例子。無巧不巧，同樣是2017年7月的新聞，一名男子於打網咖時暴斃，嚇壞店長。2015年也發生類似的事件，CNN主播報導：「這次在台灣有一名32歲男子，被發現猝死在網咖的桌上，因為他打電玩連續整整3天，最後死在桌上。」

同樣是使用網路，卻因為抓周模式的差異，而造成迥然不同的結果。善用者，如江璟亮，自學有成，13歲便獲紐約大學與加州大學錄取；又如薩爾曼・可汗創立可汗學校。誤用者，則如上述網路沉迷而暴斃者，又如一些用網路瀏覽不當網頁；傳遞負面訊息；或者從事不法者，這些都是誤用網路的例子。所以，不論是網路的使用，乃至於日常生活中的種種「抓周模式」，真的要多加警覺。

關於網路，我們很容易一頭栽入其中而難以自拔。就像一些父母規定小孩每天只能玩半小時，但半小時到了，孩子卻又央求或耍賴地要求再玩一下，而使用網路的抓周模式就在不知不覺中養成。小孩子還有父母約束，而我們這些成年人呢？如果自己不練習自我約束，那很容易就往不幸的人生走去而不自覺。例如有的人沉迷網路遊戲或色情頁面，不但虛耗寶貴人生，又可能惹

來一身病骨、送葬前程。

有一句話很值得省思：「**沒有理性且缺乏因果觀的自由，不是真正的自由**」。而「抓周模式／習氣」的「正向與負向」就大致決定了一個人的人生走向。所以，人如何養福？人生品質如何提升？如何改善命運？這些都可從「察覺自身的抓周模式／習氣」開始。

（3）為什麼「『抓』周模式」這個詞彙有助提醒我們覺察自身習氣

之所以使用「抓周模式」來形容習氣，是因為它有個「抓」字，具有動態感，我們容易藉由「抓周模式」這個詞警覺自己。譬如：

「想法中又『抓著』負面的念頭不放了。」

「言語中又『抓著』具有批評意味的用詞了。」

「行為上又『抓著』侵損、傷害他人的動作了。」

當我們能覺察到自己正「抓著」什麼念頭、習慣、言語的時候，我們也會更有機會學著把它們放下。就像使用網路，我們是否能察覺自己正在瀏覽什麼樣的網頁呢？很多時候，我們一則一則地看到廢寢忘食。然而，那些網頁是不是合宜呢？那些訊息對身心靈成長是否有幫助呢？是不是能增強自身的正能量？還是正把我們拖入頁海（業海）當中？這些必須靠著對「網路使用的抓

周模式」有所覺察。

關於網路（手機或電腦、電視）的使用，之前淨空老法師提了兩個方式值得參考，第一個方式是：都不要接觸，練習讓心裡乾乾淨淨，沒有那些訊息染汙。另一個方式是：製作一張貼紙，上頭寫著「夢幻泡影」貼在電視旁，每次都提醒自己那些是虛幻的，並非真實。

這兩個方式都很好，端看各人適用於哪一種。當然對於現代人而言，要完全不使用手機、電腦，不接觸電視，那得自己下了很大的決心。所以大家也可折衷，兩個方式搭配使用，譬如自我訂立使用手機電腦的時間。像芬蘭，據說有的芬蘭人在休假時是不使用手機的，為的是休假時可以不被打擾。

但是必須注意的是：關於第二種方式在使用上要特別小心。因為我們定力與智慧等功夫不夠，不要去看一些奇奇怪怪、不恰當的訊息，以避免常常在意識裡落下負面種籽，卻又擺脫不去其負面影響，那真是所謂的「自找麻煩」了。所以，依我們現代人的程度而言，可以的話，還是要儘量學會避開不恰當的訊息。如果真的無意間見到了，那就要趕緊覺察自己的念頭，提起正念，趕緊遠離不良訊息，以防在不知不覺中產生負向的抓周模式。而對於已經形成的抓周模式，也要進行覺察，這樣才有修正它的機會。

2.從因果角度審視抓周模式的合宜性

關於抓周模式的合宜與否，其中最核心、最重要的審視角度就是從因果的角度進行審視。底下則對「因果概念」做一簡單的說明或澄清。

現代社會對於「因果」需要澄清或努力之處：

（1）「因果」不只存在於宗教領域，還泛及各個領域，它是宇宙定律。

誤解：認為因果是宗教產物，甚至以為它是一種迷信。

澄清：很多人一聽到「因果」，就直接聯想到宗教。當然，這種聯想也不能說它錯，但是容易讓人誤以為因果只存在於宗教當中。其實各個宗教、各個場域、各個行業、各樣人種，全部都在因果當中。因果是宇宙法則，我們都活在它之中，不出「宇宙因果法則」的範疇。因果並非迷信，它是一種宇宙法則。

（2）協助人們認知「宇宙因果法則」確實存在，應為今後科學家致力之方向。

在科學當道的世代，「因果、輪迴」直至今日都不被科學家所重視。如果說科技、科學是為了要讓人類能夠提升，那麼科學家應該回過頭來去協助人們了解因果輪迴確實存在。因為，人類真正的提升，從來都是

在心靈上，而不是在物質科技上。說老實話，地球的科技遠遠低於其它星系。有時候，不免覺得地球人「很古錐」，科學彷彿一直停留在物質的驗證上，而不知道回過頭來，走向提升心靈之路。

當地球人懂得抱持著「希望地球好、希望人心向善的善念」去努力、去提升心靈時，反而比現在的科學方法還更容易使科技進步。為什麼呢？因為宇宙間的高等存在如果願意移轉其科技的話，比地球人故步自封地進行研究，那個速度是不可比擬的。可惜，地球人乃至科學家不明白這個道理。

一個現今世界上的實例——以色列。這個國家全年降水天數加起來不超過一個月，然而卻是不缺水的水科技強國。為什麼？因為他們國家的人民團結、愛國，「天」對他們進行技術移轉。在此須說明的是：「愛國」這個詞同時也必須建立於「尊重其它國家」的基礎上。

當然，編者也知道：提出這個觀念，會有一些人不以為然，但這是那些人「尚不能理解的事實」。所以在此編者不想去論證什麼，也無意落入「信者恆信，不信者恆不信」的窠臼。關於這個「『天』對以色列進行技術轉移」的觀念，並非編者個人論點，我只是轉述。對編者而言，當然希望地球人可以理解，但是對於那種「你一言，我一語」式的爭論，我實在不感興趣。所以

底下會把讀者視作「可以理解的人」而加以說明。

「進行技術移轉」對高等存在而言並非難事，也不是像地球人想像的：他們非得要有個外星人的樣子，然後搭個飛碟來，才能移轉他們的科技。有時是冥冥中的導引，有時則是一個靈感。（但不論什麼靈感或想法，還是要用「宇宙因果法則」中的「真」與「善」原則先進行審察其合宜性。）

重點是：高等存在為什麼要移轉科技給地球人？又或者我們換個方式問：我們有什麼立場請高等存在移轉科技給地球人？多數地球人很少為宇宙和諧努力，對於地球這個星球既不愛護也不尊重。在這個星球中，人們也多半為了私利和目的而進行對立、鬥爭與掠奪，相形之下，其中較少看到真正的愛與互利共生。在這樣的情況下，高等存在實在沒有必要移轉他們的科技給地球人。

但換個角度想：如果地球人能朝向「真正的愛，希望他人好、希望地球好，彼此和平共處、互相尊重」的心念努力，地球狀態是會改善的，高等星系也會比較願意與地球人合作。說的白一點，依現在地球人的心靈層次，就算遇到外星人，恐怕也是想把他們解剖作研究吧。如果您是外星人，會想和這樣的地球人合作嗎？

編者整理本書的用意之一，即是期許地球朋友們能

凝聚共識，共同朝向「了解宇宙因果法則，修正自己，提昇心靈層次」等方向努力。當地球人們向善的人數逐漸增加，而達到一個臨界點後，就能突破那個積習已久、惡性循環的僵局。這才是「之所以提出『上天轉移技術給以色列』這個實例讓地球人知曉」的真正意涵。

所以，真誠地期望地球科學家們能夠調整方向，去協助地球人了解宇宙因果法則確實存在，幫助地球人能夠提升心靈。「因果是宇宙法則」，科學家發現了一些定律，為什麼唯獨對於「因果——這麼重要的宇宙法則」不去加以認識呢？現在的地球人多半陷入欲望當中，困鎖在物質的追逐裡，很期望地球人能夠跳脫這個困境。

由於目前的地球仍是科學當道的世代，由科學家協助世人了解宇宙因果法則，也是件合宜的事。「因果定律」以及「輪迴」已是既存事實，為什麼還要請科學家去證明它呢？是為了證明給不相信因果輪迴的人知曉的。

以前曾有人說科技是為了給人們帶來方便，但我認為除了便利之外，科學、科技要能帶給人類幸福。在科技進步且趨於便利的過程中，人們內在的幸福感卻未因此增加。譬如上述說的網路，在科技的推進下，網路是發展了，然而迷失在當中的人比比皆是，誤用網路而造惡者也為數不少。在這過程中，未能看到人類真正的進

步與幸福，何以如此？因為沒有根——心靈未因此而得平靜、揚升與幸福。

要紮這個根，需要透過「對宇宙因果法則的了解」去達成。因為，當地球人真正體悟到因果的重要性，才能對於自己的心靈有所約束，才更容易體認人生該怎麼過，並且懂得朝「提升心靈、落實心性」的方向努力。而這個走向才是「讓地球永續經營，讓地球人提升心境」的最好方式。

否則，當科技逐漸發展，而人類缺乏「平和心靈」與「因果認知」的情況下，科技不能帶給人們幸福，反而會給地球人帶來災難。「地球人習慣用武力軍事進行威脅」就是一個例子，而這正是思維當中錯誤的抓周模式，這種模式古今皆然。地球人為什麼不用「互相合作」取代「互相傷害」呢？為什麼不用「愛與和平」取代「戰爭與鬥亂」呢？

科學家在這中間可以扮演一個正向角色，就是幫助地球人了解宇宙因果法則。幫助地球人「懂得約束自己的念頭，並且朝斷惡修善的方向努力」，這才是真正能帶給地球芸芸眾生幸福的科學觀。

而地球人若能認知宇宙因果法則，知道什麼該做，什麼不該做，進而落實心性，讓心靈層次提升，這才是通往真正民主的道路。否則，人類的心靈層次不高，難

以落實真正的民主。這個道理顯然易見,心靈層次較低的人,其思想的捉周模式是:「所思所慮都繞在自己身上,考慮的多是如何滿足自身欲望、私利,鮮少去考慮要如何利益他人」。在這種狀態下,現代人所謂的民主將是一片混亂。這不是說「民主」不對,而是有時人們濫用誤用了「民主」這個概念。民主需在「人類對因果有一定認知」且「懂得彼此尊重」的前提下,才有可能順利實現,但在現今世代中,這個部分是明顯缺乏的。

所以想請現今的科學家們,或未來有興趣成為科學家的人,如果您看到這篇文章,請調整一下科學研究的方向,去協助地球人了解宇宙因果法則。讓各國人民、民意機構、政府在做事時有個根本依循,不致胡作非為。這是我們對於科學家的期許。

(3) 因果應納入教育的一環

因果教育是現今各國教育體系所缺乏的。任何的學識,如果沒有「正確因果觀」與「品德教育」做為後盾,那麼它們都可能產生危害。就像品格不好的人,縱然佔據高位,或頗具名氣,但也難以對社會有正向影響,反而容易危害社會。現代的學校設置許多學科,但卻不知道「因果教育」才是「教育的根本」。在下一篇文章,會整理一些有關文學及戲劇創作者的例子,我們就可以從中了解到:現今的教育方向有待修正。

本篇，我們了解何謂「抓周模式」，抓周模式指向人們的「習氣」。那用「習氣」這個詞就好，何以又要提出「抓周模式」？因為「抓」這個字，有助於我們提醒自己正在「抓著─執著」什麼樣的思言行，透過這個「察覺」來幫助我們放下。因此，修正抓周模式的方式，首先就在「察覺」，並且需要對宇宙因果法則加以認知。因為透過正確的因果觀，我們可以檢視抓周模式的合宜與否。

（三）以古鑑今：從文學創作省思網路抓周模式
——幾則缺乏因果保護傘的作家案例

現今社會中，網路發達，縱然不是寫作著書，但發布訊息、文章、影片相當容易，且影響亦可能相當廣泛。然而，學校教育卻未給予適當的因果教育，使得學生不易在學校教育當中了解因果關係。

在上一個部分，談到「因果應納入教育的一環」，有些人可能會覺得異想天開，但其實「因果教育應納入現行教育體系」是具可行性及必要性的。以下以台灣教育為例進行說明。根據台灣現今的《教育基本法》第六條「學校應本中立原則」，明訂：

「公立學校不得為特定宗教信仰從事宣傳或活動。主管教育行政機關及公立學校亦不得強迫學校行政人

員、教師及學生參加任何宗教活動。」

　　這個法條的立意良好，但也因此讓學校缺乏因果教育的傳遞。其中的最大問題點不在該法條，而是在於人們對於「因果觀」的誤解——人們誤以為因果觀念是隸屬於宗教範疇。前文也已說明：因果不只侷限於宗教範疇，而是宇宙法則的層級，所以「因果教育」納入教育體系是具可行性的，就像學生也需了解法律的基本常識一樣。以下透由「缺乏因果觀念作為保護傘，而導致文藝作家招致苦果之案例」，進一步「省思網路抓周模式的合宜性」。最終還是希望藉由這些案例與省思，讓地球人體認到宇宙因果法則的重要。也希望藉此提醒地球朋友們使用網路要多加謹慎，年輕朋友們更是不要因為一時好奇、好玩，而讓自己的人生埋下了一個不順遂的種籽。接著我們就進入本文主題。

　　在學校教育當中，比較能傳遞因果教育的課程譬如有：國文科、歷史科、生命教育、社會與人文素養等。以國文科為例，在國文科的授課過程中，鮮少見到因果教育的成分，而這與「誤以為因果觀是宗教範疇，及學校應本中立原則」還有「多數地球人不注重、不了解因果觀念」有關。

　　學校教學過程，對於文學或戲劇作品往往著重在美學部分，而忽略這些作品的後續影響。然而，中國古典文學裡頭，確實有文藝作家因為描繪不當情節，而感召

惡報的例子。可惜的是：這些在學校傳授教育的過程中鮮少被提及，多半只注意到他們的文學成就。**但是，一項世人或文學界所認為的「文學成就」，卻讓創作者感召不幸人生，那就有必要反思其中問題。**

底下，我們來看看古代幾個因為作品傳播負面訊息，而遭致苦報的例子。透由這些例子，我們可以了解因果確實存在，且藉之反思當代教育的方向。

1. 施耐庵《水滸傳》被列為中國古典四大文學名著之一，然而學校的教育只重在它是文學名著，卻很少提及作者的後續發展。施耐庵由於在《水滸傳》寫了許多助長邪淫、偷盜和殺生的情節，結果施耐庵的兒子、孫子、曾孫生下來全是啞巴。關於此部分，亦可參看宣化上人所述之〈《水滸傳》作者施耐庵子孫三代皆啞巴的因果〉。

2. 《西廂記》，內容導致許多人看了該書後起了邪思淫念，該劇作者王實甫書還未寫完，便嚼舌而死。

3. 宋朝的詩人黃山谷，喜歡寫些冶艷的詩詞。一次，他和畫馬名家李伯時，一同去拜謁圓通秀禪師。秀禪師勸戒李伯時：「不可將一生心力用在畫馬，倘若念念馬身，只怕來世墮落投胎為馬」

黃山谷一旁聽了便取笑李伯時。

禪師說：「伯時念馬，墮為馬身也只是他個人的

事。但你寫淫色豔詞，卻是挑動了天下許多人的淫心，害許多人貞潔不保，這種罪過，何止是墮入馬腹，恐怕泥犁地獄正等著你去受刑。」黃山谷知道秀禪師是位得道高僧，不會輕發言論。於是，黃山谷聽了禪師訓誡後，驚懼慚愧，從此不再寫傷風敗德的冶豔詩詞。

從上述的例子，讓人不禁要對目前的學校教育走向感到質疑，或者對社會價值觀提出反思：「**當一種『教育』，它無法帶給人們心靈上的提升，無法引導人們走向真正的幸福，那我們為何不反省其方向、內容所需調整之處？**」

我們的學校教育和社會風氣都忽略、漠視了宇宙間的重要法則——宇宙因果法則，甚至誤以為它是迷信，實可悲矣。人們往往目光短淺到只在意那些文學作品、藝術、繪畫、影視……的美學效果，甚或是經濟效益，但是卻對創作這些作品的合宜與否（因果影響）不加考量。譬如上述幾位作家的作品，在文學上都被探討，甚至被拍成影視，然而這些作品對於社會所造成的負面影響，以及作家因其著作而感召的不幸人生、因果業報，卻鮮少有人加以省思。

為什麼在此特別提出上述幾個例子。因為我們看見：現代人也透過網路正做著相同或相似的事，然而卻很少有人關注其中的因果影響。不單只是創作，乃至生活的分享，現在有許多地球人正用網路在造作惡業而不

自知。何以社會混亂、地球危機重重？這與「未落實因果教育」有極大關係，可見「因果觀念確是幸福人生的保護傘」。

★沒有理性且缺乏正確因果觀的自由，不是真正的自由。

三、網路抓周模式亦在
宇宙因果法則範疇中

前面所說的「使用網路的抓周模式」亦在「宇宙因果法則」範疇當中,「善有善報,惡有惡報」絕非虛唱。

現代人透過網路,很容易就把文章、影音、訊息PO到網路上,甚至現在還有所謂的直播功能。然而在進行種種網路活動時,有沒有考慮到「合宜性與後果」?有時,一個小小的動作,但其後果卻是難以想像、難以收拾的。其中的因果影響,家長不見得能夠提醒你,因為他們也未必知道;學校也不會告知你;社會風氣也不重視這個區塊。上傳不當影音、文章、訊息、言論的「結果」就是「感召不順遂的人生以及未來的苦果」。

現代有所謂的「網紅」或youtuber,其實我們不要看人家風光一時。當然他們有此般發展,受到多數人關注,他們有付出努力,也可能從中獲取經濟效益。但是更值得我們更進一步觀察的是:「人紅了,然後呢?未來呢?」如果是傳達危害人心的不當訊息,這些人要付出的因果代價,遠比那些名氣和經濟收益高出太多。

在這人氣(名)與經濟收益(利)當中,我們往往忽略的是「媒體傳播的因果業力關係」。

關於這點，鮮少人提及；縱然提及，好像真正會在意的人也不多。現在網路發達的世代，一個作品或者一個行為，甚至一則留言、一段話、一篇報導，都有可能傳播到世界各地去。但是，大多數人、媒體行業在意的只是「一時」的點閱率、人氣、收視利益……，「其後果」以及「對自己或他人是否造成負面影響」卻淪為不被關心的項目。施耐庵和王實甫等人的例子實在值得引以為鑑，他們的作品被人們關注，然後呢？一位子孫三世為啞巴，另一位嚼舌自盡。至於黃山谷，他聽了秀禪師的點撥，尚懂得懸崖勒馬，而我們呢？有沒有發現秀禪師的那一番警語，放在今天的社會來看，一樣貼切適用。我們再看一次這段警語：

「怕時念馬，墮為馬身也只是他個人的事。但你寫淫色豔詞，卻是挑動了天下許多人的淫心，害許多人貞潔不保，這種罪過，何止是墮入馬腹，恐怕泥犁地獄正等著你去受刑。」

現代網路的傳播功能強大，影響範圍更廣，秀禪師說的「天下」可能是指當時宋代的領土範圍。可是我們要知道，在現代社會裡，網路幾乎是擴展到全球。一則訊息、發言或一篇文章，乃至視頻短片、電影，它們在網路作用下，影響範圍更廣大。黃山谷挑動天下（宋朝領土）許多人的淫心，這個罪過，讓他恐墮泥犁地獄去受刑。在網路上，如果上傳／發布／分享了不當的內

容，挑動的範圍可能擴及世界各地，這恐怕不只是去泥犁地獄那麼簡單了。而且上述所談的只涉及空間，還未把時間因素加入考量。若加入時間考量，那影響的範圍與程度更廣更深，換言之，該創作者、拍攝者、發布者所要面對的果報也就更長久深遠了。

但可憫的是：許多成年人缺乏因果觀念，為人父母之後，他們也無力把因果觀念傳遞給子女，學校教育也沒教導這些觀念。當孩子逐漸長大，開始接觸電視、網路後，很容易就在沒有「因果觀念保護」的情況下，上傳／發布／分享了不當的內容，他／她造了一個那麼大的業力在哪邊，姑且不談死後的去處，您想他／她往後的人生有可能平順幸福嗎？恐怕是很困難啊！

有的人誤以為因果觀念是束縛，然而若我們深入了解，才知道：因果觀念是在保護我們，因果觀念是一柄功能強大的人生保護傘。

因果觀念有助於防非止惡，而社會上多一個人懂得因果，多一個好人，社會就多一份祥和。如果各國都能重視因果教育，我們需要耽心孩子在學校被霸凌嗎？不用啊！我們顧個便利超商，還需要耽心被不良少年毆打嗎？不用啊！吃個食物，還要耽心是不是化工的，會不會危害人體嗎？不用啊！為什麼我們現代人有這麼多耽心？因為大多數的人、家庭、學校教育、社會風氣，乃至國家都不重視因果教育，所以人們昧著良心，為了私

益私欲胡作非為，造成整個世界動蕩不安，引發地球許多災難。

如此說明下來，倘若地球人還不懂重視因果教育，也是可悲。而在地球人業力不斷攀升的狀況下，其實正在為地球累積著毀滅性的災難。編者整理這些資料的前幾日，2018年2月6日深夜，台灣花蓮還發生芮氏規模6.0地震。很可惜的是：每每遇到地震海嘯，專家學者僅依物質現象來判定，認為是版塊運動所致。然而，地球版塊運動只是表象，真正的成因還是在於地球人心的變異。如果不從根本上去解決，那地球的問題是很難得到真正改善的。包括山林復育及環保問題也是如此，進行山林復育的當下，還得與心林（心靈）復育配合，雙管齊下，這個改善的實質效益才容易產生。

可惜，懂得這個道理的人不多，在意的人也不多，人與人之間，國與國之間，彼此仍互相傾軋、鬥爭。長久下來，地球人的物質進步，心靈不但未有顯著提升，反而有倒退跡象，人們內在集體潛意識還是停留在「貪欲與對立鬥爭」。如果地球哪天真的滅亡了；人們命沒了、各自受報去了，不知大家還有什麼好爭？

像三國時代的曹操，一代梟雄。結果死後，時至清代，有人在一隻豬的豬肝上，發現「曹操」二字，原來墮到畜生道去了。爭來了什麼？但是學校歷史課程，關於這段因果卻付之闕如？再看看上述《水滸傳》、《西

廂記》，表面上看似具有文學成就，然而內容卻也造業滋甚，看看其作者施耐庵、王實甫皆未能善終？但是學校課程中也忽略了這個部分。

在此提出一些問題，懇請教育家、從事教育工作者以及各位地球朋友們省思：「學校教育希望學生能學到什麼？什麼才是教育的核心？為什麼我們的教育當中，出現了會霸凌同儕的學生？出現了演出脫序行為而上社會新聞的學生或教師？」

其實，「缺乏『因果觀念保護傘』」才是最大的原因。政府機關、學校教育乃至社會共識，在這個部分的確有重新認知的必要。

從上面我們可以逐漸體會到：「抓周模式的合宜性」與「宇宙因果法則」息息相關，任何與「合宜性」相關的概念，都脫離不了「宇宙因果法則」的範疇。然而，地球人卻往往忽略了如此重要的法則。

譬如立法，人間所立的法也要符合宇宙因果定律。人類在立法時需要了解一個重要原則：不要依自身的欲望、潮流趨勢而立法；而是要盡可能地讓「人間所立之法」去貼合「宇宙因果法則」的真與善原則。為什麼？因為裡頭有層級的不同，人間的法，有時候是出自人類欲念與無奈的潮流，未必能真正幫助、保護到人類。尤其是在「缺乏因果法則做為基底」的狀況下，這種問題

特別容易彰顯。

提出一個思考點：在人世間，假設有一個號稱為保障人權而提的草案（或法案），然而這個草案的內容不但不能符合因果法則的真與善原則，反而導致人們在轉世時失去了當人的資格，請問這個草案「真的有保障到『人權』」嗎？換句話說，連人都當不成了，要怎麼談到『人權』？當然，這必須透過深遠的視野才有辦法理解，也就是：必須從「因果觀點」與「輪迴因素」的角度，才有辦法看得更為周全。否則，人類往往認為自己的觀點正確，其實常常錯得離譜。當面臨果報時才悔不當初，卻也來不及了。所以，合宜性很重要，而「合宜與否」需要回歸到「宇宙因果法則」檢視，才會清晰。

回到網路這個例子，當電腦、手機佔據人們生活的大部分之後，我們是否曾想過：「我們的生活是什麼，我們為了什麼而生活？」我們很多時候在眾多媒體訊息當中迷失，忘卻為何而生。

在製作／發表／上傳／分享任何一項言論、影音乃至作品前，或者媒體進行任何一則報導前，應先審慎評估其合宜性，不要被「點閱率、收視率、人氣、經濟利益……」等假相矇蔽。有時形容人們很會打算盤，但這算盤卻打得不夠精，為什麼呢？因為千算萬算，卻沒有把「因果」給算進去。有句話說「萬法皆空，因果不空」，結果打算盤卻沒把這最重要的「因果」給算進

去。為了眼前過眼雲煙的利益，結果讓自己陷入未來的苦果當中，實為不智之舉。而所謂的「紅／人氣／收視率」與「經濟收益」說穿了還是屬於「名」與「利」的範疇。錢和名氣，在人間好像有用的很；但到另一個世間，卻沒用的很。這在前文提及企業家天命時，也舉了相關例子。

至於PO上網的內容如果是涉及殺盜淫妄，其中的潛在因果影響更是難以估量的，甚至往往是得不償失──所得到的名氣或金錢收入，無法救脫自己免於惡報。

就像網路人氣、電視收視率或電影票房……，我們不要以為高就是好。如上所說，好比一部電影票房高，但它的內容涉及殺盜淫妄，導致人心腐化，那它的票房愈高，就表示它造成負面影響的範圍愈大，也就表示該部電影相關人員的業力愈重，未來果報愈苦，或受報時間愈長。由此可見：高人氣、高票房，不一定是好事，還得看它的內容而論。

現代社會，有的為了利益而罔顧良心，也有追求自由open（被誤解的自由），結果把自己通往惡道之門大大地open，殊為可悲。有的現世就因所造之惡而受苦，且死後又將墮入惡道，苦不堪言。拍攝一些不當影片，雖紅極一時，但晚景淒涼者，大有人在。如果我們真的了解因果關係的影響力，了解地獄之苦，我們會謹言慎行，面對事情，我們不敢胡作非為，會審慎考量其合宜

性（因果關係）。

　　所以，不論是網路抓周模式，乃至思言行的抓周模式，我們都要特別留意、多加覺察。在宇宙因果法則的前提下，多內省自己種種抓周模式的合宜性，才不致於造作了讓自己難以挽回的局面。

省思：我們是否在人生中迷失了人生，在網路生活中忘卻了何謂生活？

編者按（深心期許）

①地球人能多認識「宇宙因果法則」，並且重視、落實「因果教育」。因果不只存在於宗教，它普及各個領域，因為它是宇宙法則的層級。

②科學家能調整方向，協助地球人了解宇宙因果法則，幫助地球人脫離物質欲望的枷鎖，揚升至心靈精神豐足的紀元，而能與下永恆相應。

③學校能納入因果教育，讓因果教育成為「根」，幫助人民豎立「因果觀念保護傘」。

④政府、民意機構、人民立法或決議，要懂得順應天心，而不是順應人的妄心。因為真正回歸到真心的人不多，多數人都是憑著私欲與習氣（不合宜的抓周模式）在提意見或做決議。所以，依循「宇宙因果法則」，能避免做出導致不幸的決議。這是對人民負責的表徵，也讓人民福祉多一層保護。

本章重點回顧：

關於〈人生轉機，從改變你的抓周模式開始——以網路頁海（業海）為例〉、〈以古鑑今：從文學創作省思網路抓周模式〉與〈網路抓周模式亦在宇宙因果法則的範疇中〉這三篇文章，其重點就在：「體認宇宙因果法則」有助於地球人接軌下永恆，邁向幸福人生，且有益於地球正向永續經營。

抓周模式，即指習氣、慣習，是一種習以為常的思言行模式。當人們學會透過對抓周模式的覺察—調整，就有機會讓人生「改朝換代」——把不合適的抓周模式「更新」為對心靈有助益的模式，如此才有可能圓滿這一生的課題。

關於「捉周模式合宜與否」的審查標準即是「宇宙因果法則」。芸芸眾生都在宇宙因果法則之中，若要視其為宇宙間的「遊戲規則」也無妨，總之我們無法置身事外。如果想要改善人生際遇，「了解因果，進一步修正自己心念及言行」是個根本方式，而這也是讓地球得以朝正向永續經營的方式。

書末寄語

～其實我們可以多一點細心與善意～

　　2018年1月25日，得知韓國Shinee人氣樂團成員Jong-hyun（鍾鉉）於2017年12月18日輕生，送醫急救不治的消息，年僅27歲。相關視頻中，鍾鉉在最後一場演唱會上，曾眼眶淫潤，微笑著環視現場觀眾。得知他離開的消息，再看到他那個含淚微笑的神情，我感受到他心裡的無可奈何，一種有好多話想傾訴，卻無人可說的哀傷。（珍愛生命，請勿輕生。）

　　有人認為，那個既溫柔又哀傷的神情，是他對世間發出求救的訊號，可惜當時無人懂得。事發之後，人們才意識到：原來鍾鉉早有輕生之意。再回顧他2017年4月的個人原創，其中有首歌名為〈Let Me Out〉（放開我），表面上好似描寫失戀的心情，然而其中的歌詞其實也透露他對生活的無力。歌詞中寫著：「拜託誰來抱抱這個厭倦世界的我，誰來替我擦乾被眼淚浸濕的我，拜託先注意到疲憊不堪的我，理解一下沒用的我，拜託幫幫我吧。……」

　　微笑含淚的那個神情，在我腦海裡久久不能迴去，因為……我也曾對生命感到疲憊。

　　有一次我的母親看到我時，她的眼眶紅潤，但是嘴

上仍掛著微笑。之後我才知道她在生活及工作上遇到一些事件，其實心裡也苦悶著。現今回想起她那個紅著眼眶的微笑，瞬時間，我好像懂了什麼。

有時練習用笑臉面對周遭的人，但其實遇到一些事情，心裡正苦著，偏偏又遇到一些習於看人缺點的人前來挖苦或背後攻擊。這些朋友沒有發現別人正試圖自我修正，也沒感受到：「有時眼前帶著微笑的人，心裡正苦悶或者身體不舒服，願意露出那個微笑得用上多大的力氣與善意」。

某次沒把事情做好，一位年長同事馬上用一種彷彿看待仇人的眼神盯著我，足足看了好幾秒，然後一言不發地轉身走開，彷彿我犯了什麼不可彌補的罪過。但是當他自己做不好時，卻以「因為、所以，我是……」的態度輕描淡寫地帶過。時間久了，發現這已然成為那個人未能覺察的「相處抓周模式」。有一段時間，我對這種「輕慢別人的相處抓周模式」感到不以為然，於是便用這段歌詞來鼓勵自己。

「別人輕慢我不計較，內心豐富才最重要」

——〈毛毛蟲變蝴蝶〉歌詞

後來學著反省自己並回顧自己過去的行為，發現自己其實也曾如此待人。加上後來體認到：這個人的行為是「上天藉之讓我修正跨越的一個『場景』而已」，使

開始慢慢學習如何不被這些人或事件影響。其實，習於看別人缺點是件很苦的事，因為心裡裝的多半是別人家的垃圾，心地難以回復到清淨的狀態。而我們地球人多半有這種習慣看人缺點的毛病，關於這點編者也需再修正。所以，我們還是回歸善知識開示的「感恩到底，凡事內省」吧——這正是讓自己揚升心境、接軌下永恆的重要心法。

也許大部分的人並不是不想把事情做好，也不是不願學習，只是比較沒有做事經驗，我們不應該用那種輕慢的態度待人，而這也是在降伏我慢與學習尊重和謙虛。當然，在這自我調整的過程中，心裡還是可能起伏。可是，就像毛毛蟲要變蝴蝶，蛻變過程總是不輕鬆。熬得過去，就破繭而出，脫胎換骨；熬不過去就被蛹所縛。所以，除了自勉之外，也是鼓勵各位能脫胎換骨，活出心境上改朝換代的人生，契入到下永恆的新紀元中。

最後這段話，想請大家也能在靜下心時拿來想想：

不論是對人、事、地球、天地，乃至於對芸芸眾生，能不能多一點細心與善意，多一點尊重。也許我們眼前這位正在笑著的人，正遭逢我們所不知的苦痛，就好像這個地球，已遭逢好幾次存亡危機，淌著許多地球人未察覺的眼淚。有時我們一句溫暖的話，也許可以讓一個人打消輕生的念頭，燃起生命的希望；而我們一個

看似微不足道的善念、善行，也正為人類集體潛意識的
向善揚升做準備。

　　地球的朋友們，請覺醒於自己是一名地球人，盡一
份珍愛地球的責任，接軌下永恆，過上心境層次「改朝
換代──脫胎換骨」的人生。

感恩「大天」、「天地」引導

感恩善知識KZ的教誨，以及善友們發心相挺

感恩新地球人文主義工房的成員

感恩白象文化編輯團隊

感恩品捷翻譯社Mark、CCN Chan Sin Cheong、盧貞廷

感恩蔡智豪老師願意協助分享此書

感恩友人M、Randy、Riley、Vivian⋯⋯

感恩您們願意觀閱本書

祝福地球能向善正向永續經營

祝福地球人能契入愛的下永恆

2018年3月25日

新地球人文主義
A New Earth Humanism

若要打開新世界的扉頁，人們的心靈也必須揚升至相應層次。

走過個人存在主義的蒼白，行過國族主義的論述，

也該是進入到「新地球人文主義」的時候。

2016年3月5日，我首次體會到自己是個「地球人」。居住在地球這麼久遠的時間，然而我竟未曾體會自己是一名地球人，於焉，我的「地球人意識」逐漸開展。緊接著我認知到：地球面臨2016年3月26日X行星（災星／Planet X／Nibiru）的危機，我被告知可以將訊息傳遞給親友和周遭的人。於是我開始努力發送相關訊息給我認識與不認識的人，目的在於希望這個星球的人們體會到自己是地球的一分子，並且能發出善的力量共同捍衛地球。過程中，雖然當時讓我的生命中增添意義，然而也讓我感到相當孤獨，我發現自己正做著大部分人們未能理解的事，因此所獲得支持也寥寥無幾。有時心裡不免疑問：「你們不是地球人嗎？」

　　所幸地球在高層極力救護下，地球避開了X行星的危機。緊接著，我得知新的訊息，那就是地球人的心靈如果還是未能提升，且持續造惡，未來仍可能感招來新的災星。因此，我明白自己還有些事情可以做，即是──**「讓更多地球人們體會到自己也是個地球人，並且凝聚地球人的一體意識，以善的力量共同守護我們居住之地」**──這是我目前想完成的工作。然而，我也明白，如此看似科幻小說的真實，未必為現階段的其他地球人所能理解。但是，傳遞這些實相讓人們了解，是我目前想進行的工作，我似信差，負責把信傳遞到人們手上，至於人們相信與否，則非我的責任範疇。

2016年4月2日,「新地球人文主義」的概念自腦際浮現,我知道,就是它了。也很感恩,這個概念不是出現在4月1日,否則人們可能會誤以為是個愚人節的把戲。

一、「新地球人文主義」概念說明

此處的「新」代表新紀元的開展,地球新生。

「地球人文主義」雖以「主義」為名,實際上是個需被認知與落實的理念。這個理念的宗旨如下:

1.協助地球人們體認到自己是個地球人,進而產生「地球人一體意識」。

當前的地球人尚未體會到「一體意識」的重要,一體意識並非共產主義。讓我以海洋與海水說明「一體意識」的基本概念。每個地球生靈就像大海的一滴水,地球母星就像大海,這是一個整體,但是人們習於把這個整體進行分化,且視為碎裂而不同的個體。

「一體意識」的核心觀念在於「心靈上的一體」,也就是「體認自己是個地球人」、「是地球一部分」。當有更多人開始「體認自己是個地球人」後,將有助於地球和平永續的發展。因為人們會開始把「愛護地球」的理念進入到執行階段,而非只把它當成口號。人們將開始反省自己,學習謙卑,學習尊重大自然,尊重這個星球,尊重星球上的眾多生靈,因為我們是一體。

為了避免「一體意識」被有心人士誤用，在此進一步說明其內涵。「**一體意識」是各司其職的平等與和諧，以尊重與愛為出發點**。以公司為例，並非只是單向地要基層員工符合公司需求，而是公司領導者也能視員工如己地重視他們的權益，而不論職位，每個成員都是公司的一部分，「地球人一體意識」的理念亦是如此。在此理念下，土地有界，心靈無疆，各國將成為互相合作的夥伴，而非競爭對手。看重的不再是國之強弱，而是能為其它地球人付出什麼，因為我們是一體。這與以往的競爭模式很不相同，因為「一體意識（我們都是地球人）」是以「愛與利他」、「和平與尊重」為出發點。

2.「愛」、「反省」、「善的力量」是新地球人文主義中三大不可或缺的重要元素。

　　以「愛」為本，「反省」為足，「善的力量」為正向能量，我們可以創造出祥和淨土的地球。以往我們甘於過著被黑暗奴役的生活，充滿著對立與衝突，被利益導向取代互利共生。而現今，我們有必要將此種情況扭轉過來，只要我們願意，我們可以過真正具有生命意義的生活。然而前提是此星球上的人們必須自覺於「自己是一位地球人」，也就是重新回到一體意識當中。

3.期許「新地球人文主義」從台灣(Taiwan)出發，台灣人民揚升成為「具有地球人意識的台灣人」。

　　如果能落實這個新地球人文主義的理念，揚升至以

德性為主的下永恆。這對台灣而言是個相當大的躍進，台灣人將理解到：台灣有著豐沛的心靈與人文資產。

以上三點是「新地球人文主義」的基本理念宗旨。

當台灣的心靈人文資源發揮其善的力量後，台灣會被世界看到，我們不再需要進行金錢外交就能與國際接軌。而這樣的情況須建立在「具有地球人意識」的基礎上。誠如大海與海水的譬喻，當人們真正體會到自己也是地球的一分子時，心靈的眼光與心量的格局將與以往大不相同。我們更能融入地球的脈動，而能體會到世界的需要，我們將致力於如何讓這個世界成為祥和淨土。

＊＊＊＊＊＊＊＊＊＊＊＊＊＊＊＊＊＊＊

當「具有地球人意識的地球人」愈益增加，我們善良而正向的能量也會隨之積累。一旦達到轉變的臨界點，各國的政治與社會現狀將會獲得改善，地球整體氛圍也會逐漸轉變，乃至一掃過去陰霾。因為，當地球人民真正發出愛護地球的心念時，地球也會以善的方式回應，而人們自然會知道什麼是有益於地球進化的，而哪些是有害於地球的，並且會選擇善的方向前行。

誠如本書第一章所轉述，地球近年來經歷許多災難，現今雖然暫時保住，但是未來會如何，宇宙高層的訊息是：「看地球人自己的造化。」覺醒吧，各位地球朋友，請珍惜且感恩這個「讓我們可以培養德性，揚升至下永恆的良機」。

真誠推薦書目

- **太陽盛德：《超級生命密碼（新紀元版第三版）》**

（臺北市：香港商天圓文化諮詢顧問有限公司台灣分公司，2018年2月三版34刷。）

　　是一本說了真話的書，傳遞了宇宙系統要帶給地球人的訊息。書中提及「愛與感恩、知足」等重要生命密碼，且客觀地解析地球人的盲點，是本值得閱讀的好書。感恩善知識KZ推薦。

- **謝明杰：《老神再在Ⅲ：破繭而出》**

（臺北市：商周出版，2015年6月4日初版）

　　透過作者謝明杰與「老神」的對話，帶給我們許多新的省思。

- **袁了凡：《了凡四訓》**

　　此書講述袁了凡「立命—改命」的經過與方法，可

提供給希望改善命運的人們一個很好的案例與參考。可
參考淨空老法師講解的白話版本。

- 《壽康寶鑑》

　　本書著重於禮教與戒淫，此為現今地球人相對欠缺
且亟需認知之的觀念，其中亦富含正確的因果道理，這
是保護自己與愛護子女之良方，值得閱讀、實踐並且傳
承。和裕出版社有出版一本由隱名氏編譯的白話版本；
能仁出版社亦有《壽康寶鑑的故事》（全彩插圖版）。

愛的下永恆
新地球人文主義工房
New Earth Humanistic Workshop

E-Mail ：shinowen26473@gmail.com
專屬部落格：http://shinowen26473.pixnet.net
（26473 = 愛如此奇神）

f 愛的下永恆 新地球人文主義工房 　🔍

惪（古代「德」字）
　　　　+
—————————————— ＝
Love（真愛）

下永恆新紀元精神

　　成立於2018年3月21日，以「協助地球朋友契入下永
恆新紀元，並體認『德性』與『宇宙因果法則』」為要
務。主要在官方部落格傳遞上述理念，並分享「正向、
溫馨、善良、勵志，以及因果觀念與事例」等訊息。本
工房運作經費自行吸收，未來亦「不募款，不設捐款帳
號」，敬請明察。

國家圖書館出版品預行編目資料

下永恆運行 改朝換代的人生：新地球人文主義
／星空穩編著. --初版.--臺中市：白象文化，
2018.7
　　面；　公分.
ISBN 978-986-358-658-6（平裝）
1.靈修
192.1　　　　　　　　　　　　107006254

下永恆運行 改朝換代的人生：新地球人文主義
The Movement of the Lower Eternal Stratum:
Life Massively Changes —A New Earth Humanism

作　　者　星空穩
校　　對　星空穩
翻　　譯　品捷翻譯社、CCN Chan Sin Cheong、盧貞廷
專案主編　陳逸儒
出版編印　吳適意、徐錦淳、林榮威、林孟侃、陳逸儒、黃麗穎
設計創意　張禮南、何佳諠
經銷推廣　李莉吟、莊博亞、劉育姍、李如玉
經紀企劃　張輝潭、洪怡欣
營運管理　黃姿虹、林金郎、曾千熏
發 行 人　張輝潭
出版發行　白象文化事業有限公司
　　　　　402台中市南區美村路二段392號
　　　　　出版、購書專線：（04）2265-2939
　　　　　傳真：（04）2265-1171
印　　刷　基盛印刷工場
初版一刷　2018年7月3日
定　　價　220元

白象文化　印書小舖　出版 · 經銷 · 宣傳 · 設計
www.ElephantWhite.com.tw　f 自費出版的領導者　購書 白象文化生活館